KOMPASS

Los geht's

Endlich Radelgenuss

OSTSEEKÜSTE

MECKLENBURG-VORPOMMERN

44 TAGESTOUREN FÜR PEDALRITTER

OSTSEEKÜSTE
MECKLENBURG-VORPOMMERN
44 TAGESTOUREN
FÜR PEDALRITTER

Endlich
Radeln

Inhalt

Tourenübersicht

Übersichtskarte

Endlich... geht es los!

Packliste

Verhaltenskodex

Grundwissen

Touren 1–44

Unsere Fahrrad-Hacks

Endlich was Neues ausprobieren

Von Vorteil für Mensch & Natur

Impressum

Endlich Feierabend

Endlich Erfrischung & Endlich Fahrtwind

Endlich aufs Wasser & Endlich Sonne

Tourenübersicht

TOUREN 1–10

TOUREN 11 – 22

Tourenübersicht

TOUREN 23–32

TOUREN 33–44

Nakskov
Søndernor
DÄNEMARK
Maribo
Søndersø
9
Nyköbing Falster
Nykøbing Falster
Burg auf Fehmarn
Orther Reede
Burger See
B207
Hohwachter Bucht
Großer Binnensee
Oldenburg in Holstein
Mecklenburger Bucht
Bad Malente-Gremsmühlen
9
11
8
7
Lübecker Bucht
Bad Doberan
ROSTOCK
Salzhaff
B105
B110
A 1
4
2
3
6
B103
Hemmelsdorfer See
Wismarbucht
A 19
1
Bad Schwartau
5
LÜBECK
B105
Wismar
Hohensprenzer See
Laage
Grevesmühlen
Neukloster
A 20
Großer Wariner See
Großer Ratzeburger See
B208
Parumer See
Güstrow
B106
B192
Inselsee
B103
Schweriner See
B104
Küchensee
Gadebusch
Sternberg
B207
B104
Cambser See
MECKLENBURG
Mölln
Schaalsee
Schwerin
Kleinpritzer See
Pinnower See
B192
Krakower See
Crivitz
Goldberg
A 14
B392
B321
Drewitzer
A 24
B103
B191
Hagenow
Neuhöfer Karpfenteich
Plauer See
Parchim
0 5 10 15 20 km
Ludwigslust
B321

OSTSEE
DEUTSCHLAND
VORPOMMERN
Tromper Wiek
Wieker Bodden
Libben
Vitter Bodden
Großer Jasmunder Bodden
Sassnitz
Udarser Wiek
Schaproder Bodden
Bergen auf Rügen
Kubitzer Bodden
Prohner Wiek
Barther Bodden
Koppelstrom
Bodden
Barth
Stralsund
Borgwallsee
Ribnitz-Damgarten
Hagensche Wiek
Rügischer Bodden
Glewitzer Wiek
Greifswalder Bodden
Spandowerhagener Wiek
Grimmen
Greifswald
Wolgast
Krumminer Wiek
Achterwasser
Schmollensee
SWINEMÜNDE
ŚWINOUJŚCIE
Usedom
Jarmen
Demmin
Anklam
Kummerower See
Teterow
Oderhaff
Ueckermünde
Malchiner See
Altentreptow
Friedland
Galenbecker See
Torgelower See
Neubrandenburg
Kölpinsee
Waren (Müritz)
Tollensesee
Strasburg (Uckermark)
Pasewalk
Müritz
Specker See
Lieps
Käbelicksee
Wanzkaer See
Großer See
Röbel/Müritz
Neustrelitz
Brüssow
B105
B96
B196
B194
B105
A 20
B109
B110
B109
B111
B110
B110
B108
B194
B199
B104
B197
B109
B194
B104
A 20
B192
B192
B96
B104
B193
B198
10
12
13
14
15
16
17
18
19
20
21
22
23
24
25
26
27
28
29
30
31
32
33
34
35
36
37
38
39
40
41
42
43
44

Endlich …

geht es los!

44 FAHRRADTOUREN FÜR DICH

Die Ostseeküste steht für lange Sandstrände, steile Felsküsten und genussvolle Sonnenuntergänge. Klingt fast wie ein weit entferntes Urlaubsziel, liegt aber im Norden Deutschlands. Also Sachen packen, Fahrrad checken und los geht's. Die Ostsee ist ein recht junges Binnenmeer, das erst vor rund 12.000 Jahren durch das Abschmelzen großer Gletschermassen entstand und ursprünglich ein reines Süßwassermeer war. Ganz im Westen der Ostsee kann der Wasseraustausch mit dem Atlantik und der Nordsee beobachtet werden. Entlang der Küste locken viele Sehenswürdigkeiten, mit dem Rad entdeckt zu werden: weiße Bäderarchitektur, beschauliche Fischerdörfer und geschichtsträchtige Hansestädte. Oder doch lieber Nationalparks, einsame Wälder und weite Boddenlandschaften?

Die mecklenburgische Ostseeküste erstreckt sich von Lübeck im Westen bis nach Heringsdorf im Osten. Das Fahrrad bietet dir die Möglichkeit, die unglaubliche Vielfalt der Region zu erfahren und in Erinnerungen zu verewigen. Ob für einen Tagestrip, ein Wochenende oder eine ausgedehnte Radreise nach Norddeutschland, für alle ist was dabei. Die in diesem Buch vorgestellten Touren sind meist von leichtem Schwierigkeitsgrad und somit für alle Fitnesslevel zugänglich sowie für Familien geeignet. Wer es etwas sportlicher mag, kann sich hier gerne inspirieren lassen und die Touren beliebig ausbauen oder verbinden.

Endlich Radelgenuss Ostseeküste entführt dich in den Norden Deutschlands und zeigt dir einige der schönsten Radtouren, die es in dieser Gegend zu erleben gibt. Ob Kultur oder Naturerlebnisse, kulinarische Besonderheiten oder ewige Sonnenuntergänge – bei der Tourenauswahl wurde Wert auf große Abwechslung gelegt, die die Vielfalt der mecklenburgischen Ostseeküste widerspiegelt.

Springen von der Seebrücke verboten
Gemeinde Seebad Lubmin
– Brückenordnung –

Endlich alle 7 Sachen zusammen

Deine Packliste

MATERIALCHECK

Bei den folgenden Fahrradtouren handelt es sich meist um recht einfache Ausfahrten. Daher benötigen wir auch nicht allzu viele Dinge. Dennoch solltest du auf deine Sicherheit achten und mögliche raue Wetterbedingungen an der Ostseeküste nicht unterschätzen. Die wichtigsten Utensilien haben wir dir hier aufgelistet zusammengestellt:

- ○ Gepolsterte Radhose, Fahrradhandschuhe
- ○ Wetterfeste & atmungsaktive Bekleidung
- ○ Getränke (mind. 1,5 Liter!)
- ○ Erste-Hilfe-Set & Sonnenschutz
- ○ Handy (für den Notruf)
- ○ Im Winter: Kälteschutz
- ○ Proviant (Power-Riegel, Obst)
- ○ Helm, Sportbrille, Unterhelmstirnband & Schlauchtuch
- ○ Multitool, Ersatzschlauch & Fahrradpumpe
- ○ Ausweis, Bargeld & EC-Karte
- ○ Fahrradkarte
- ○ Im Sommer: Badesachen

Endlich gern gesehen

Verhaltenskodex

BEI FAHRRADTOUREN

Immer mehr Menschen lassen sich von der Faszination des Radfahrens in den Bann ziehen. Verschiedenste Fahrradtypen und die neuste Technik machen den Sport für jedermann zugänglich. Je mehr wir im Freien unterwegs sind, desto mehr Schaden trägt die Natur jedoch davon – außer wir gehen sanft mit der sensiblen Umgebung um. „Take nothing but pictures, leave nothing but footprints": Beherzige dieses Motto, dann steht deinem umweltschonenden Radelerlebnis nichts mehr im Weg. Auch sollst du dabei auf dich selber und deine Mitmenschen achten. Um im Einklang mit der Umgebung sicher unterwegs zu sein, haben wir wichtige Tipps und einfache Grundregeln zusammengefasst.

Und das kannst du machen ...

Dos & Don'ts

01 Befolge **Bestimmungen:** Halte dich an die Verkehrsbestimmungen. Informiere dich über Regelungen in Nationalparks und Schutzgebieten und halte dich an die Hinweise auf Informationstafeln.

02 **Bewege dich auf sichtbaren Wegspuren:** Durchquere keine Gebiete auf eigene Faust, sondern bleibe auf den festgelegten Routen. Respektiere Privatgrund und achte auf Schutzzonen.

03 **Respektvoller Umgang untereinander:** Begegne anderen Fahrradfahrerlnnen, Fußgängerlnnen sowie Autofahrerlnnen stets freundlich und respektvoll, schließlich haben alle ihre Daseinsberechtigung und Unfälle wollen vermieden werden.

04 **Mache dich sichtbar:** Fahre nachts nicht ohne Licht und achte auf ausreichende Sichtbarkeit deiner Kleidung und reflektierende Elemente an deinem Fahrrad.

05 **Respektiere den Lebensraum der Tiere:** Weiche Tieren unaufgeregt aus und halte Distanz bei Begegnungen.

06 **Müll und Essensreste wieder mitnehmen:** Weder Verpackungsmüll noch vermeintlicher „natürlicher" Abfall sollte einfach liegengelassen werden. Schalen exotischer Früchte verrotten nur langsam und stellen auch keine Nahrung für Wildtiere dar.

07 **Vorsicht bei den Klippen:** Die Steilküsten sind wunderschön, aber auch tückisch. Bleibe also auf den Wegen. Die Natur dankt es dir, wenn du nicht querfeldein fährst.

Grundwissen

Unterwegs mit dem Fahrrad

SICHERHEIT UND BASICS

Radtouren sind ein ideales Mittel, um einfach mal auszuspannen und den Alltag hinter sich zu lassen. Nur der eigenen Bewegung folgen und sich auf den eigenen Rhythmus konzentrieren. Die Landschaft und ihre Schönheit genießen. Trotzdem gilt es einiges zu beachten, damit durch unvorhergesehene Ereignisse der Spaß nicht auf der Strecke bleibt.

Notruf bei Unfällen: Im Falle eines Unfalls haben Ruhe bewahren und überlegtes Handeln oberste Priorität. Erst einen Überblick über die Situation verschaffen, dann wird mit der europaweit gültigen Notrufnummer 112 ein Notruf abgesetzt. Rückfragen zum Unfallort, Unfallhergang und Anzahl an Verletzten sollten in Ruhe beantwortet werden. Zudem sollten Erste-Hilfe-Maßnahmen durchgeführt werden, falls möglich. Weitere Unfälle können durch Absichern der Unfallstelle vermieden werden. Grundsätzlich soll die Straße so schnell wie möglich verlassen werden.

Sicherheits-Check: Vor jeder Tour solltest du außerdem dein Fahrrad auf Unbeschadetheit und Funktionalität überprüfen bzw. von Fachleuten prüfen lassen. Dies ist besonders wichtig für die Verkehrssicherheit. Darum immer:

- ○ Lenker und Vorbau kontrollieren
- ○ Laufräder prüfen (Reifendruck, Befestigung)
- ○ Bremsen testen (Bremsbelag, Scheiben, Felgen, etc.)
- ○ Kettenspannung überprüfen
- ○ Sattel kontrollieren
- ○ Federung prüfen und Wartungsintervall checken
- ○ Beleuchtung und Reflektoren sicher befestigen
- ○ Rahmen und Gabel begutachten
- ○ Akku beim Elektrorad prüfen

Grundwissen

Fahrradtour

TOUREN-1×1

Routenplanung: Die sorgfältige Planung der Route ist eine der wichtigsten Vorbereitungen für eine erfolgreiche Fahrradtour. Tageskilometer und Höhenmeter wollen gut geplant sein, um keine bösen Überraschungen zu erleben. Dabei sollten nicht nur die eigene Kondition, sondern auch Einkehrmöglichkeiten entlang der Strecke berücksichtigt werden. Die vorgestellten Touren sind Empfehlungen unserer Autorinnen und Autoren und eine Veränderung der Streckenführung ist je nach Vorliebe jederzeit möglich.

Gepäck: Die passende Ausrüstung ist essenzieller Teil einer sorgfältigen Vorbereitung. Es gilt so viel wie nötig, so wenig wie möglich. Immerhin muss das Gewicht des Gepäcks den ganzen Tag mitgeführt werden.

Pausen planen: Regelmäßige Pausen sorgen für kurze Regeneration der Leistungsfähigkeit und Konzentration. Ob auf einer Bank an einer aussichtsreichen Stelle oder in einem Gasthof – die Länge der Etappe muss auch mehrere Pausen am Tag zulassen. Wer mit einem E-Bike unterwegs ist, sollte sich im Bedarfsfall vorab über Lademöglichkeiten entlang der Strecke informieren.

Klassifizierung: Die Klassifizierung der Touren sind als Richtwert zu verstehen. Schätze dein Können und deine Kräfte realistisch ein und richte deine Tourenauswahl danach aus.

LEICHT: Gute Wegbeschaffenheit, breite Wege ohne Gefahrenstellen, leichte Steigung, moderate Tourendauer. Die Touren sind für HobbyfahrerInnen mit guter Kondition geeignet.

MITTEL: Mehrheitlich gute Wegbeschaffenheit, mitunter Schwierigkeiten durch Schlaglöcher, Engstellen etc. Anspruchsvollere Steigungen sind zu erwarten. Die Routen sind überwiegend länger und setzen bereits Erfahrung und eine gute Grundkondition voraus.

SCHWER: Herausfordernde Touren, meist mit schmalen und unebenen Passagen. Es ist mit längeren Steilanstiegen zu rechnen. Hier solltest du sehr gut trainiert sein und Erfahrung mitbringen.

Fahrzeiten: Die angeführten Zeitangaben verstehen sich als Richtwerte für die reine Fahrzeit ohne Pausen und können je nach Kondition und Fahrradtyp variieren.

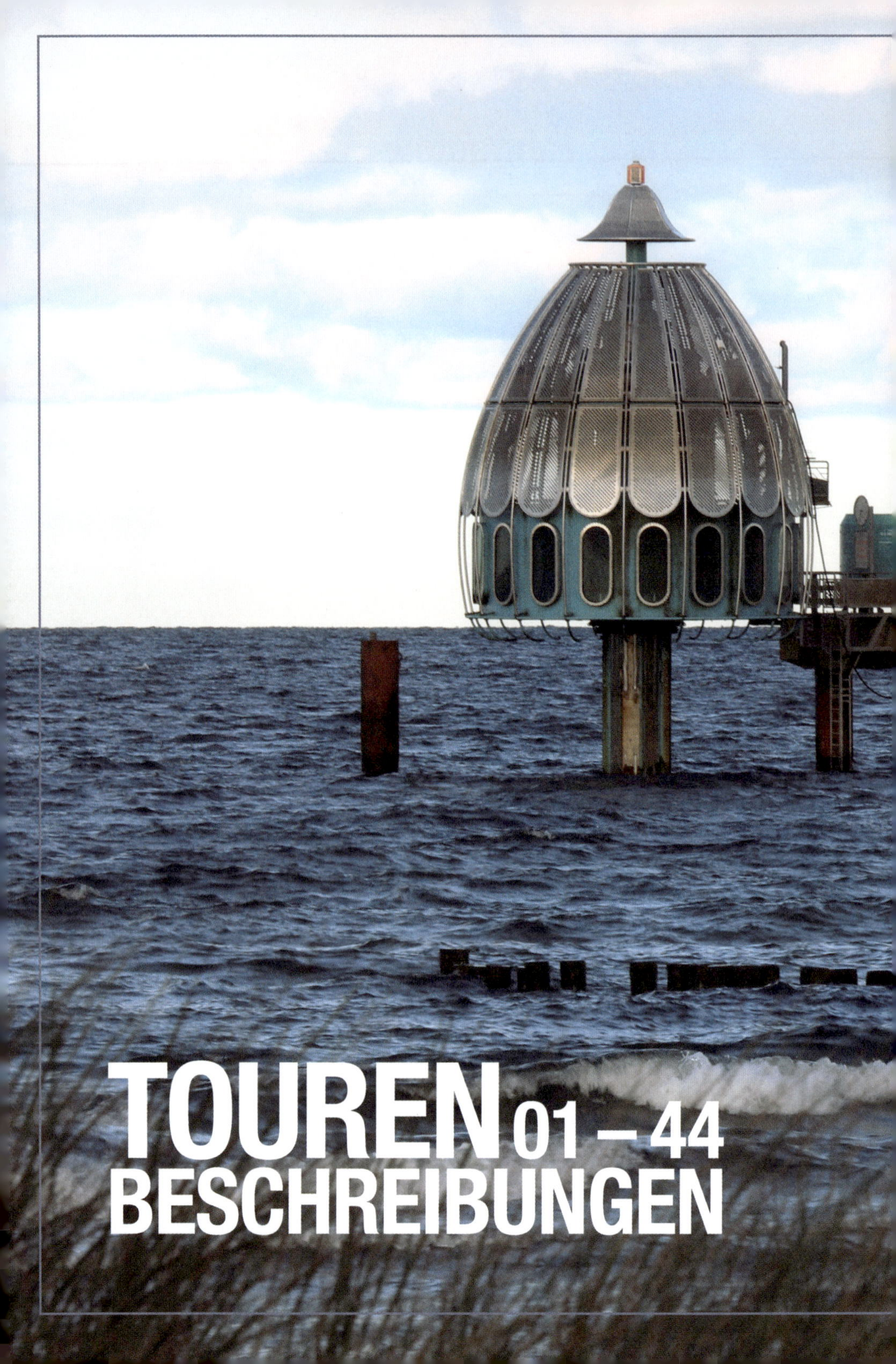

TOUREN 01 – 44 BESCHREIBUNGEN

Ostseeheilbad Zingst

Lübecker Bucht
Schulendorf
Scharbeutz
Schürsdorf
Schwartau
Timmendorfer-
Strand
Luschendorf
Grabhügel
Grellberg
Niendorf/Ostsee
Pansdorf
Groß Timmendorf
Brodten
Aalbeek-Niederung
Hemmelsdorfer
See
Wamsdorf
Rohlsdorf
Techau
Hemmelsdorf
Travemünde
Teutendorf
Hobbersdorf
LSG Travemünder
Winkel
A 1
Ratekau
Offendorf
Priwall
Pariner Berg
72
Südlicher
Priwall
Groß Parin
Hohes Lieth
55
Ovendorf
Burg im
Riesebusch
Kreuzkamp
Pötenitzer
Wiek
Ivendorf
25
Botteberg
Forellensee
Bad Schwartau
Pöppendorf
Trave
Waldhusener
Moorsee
B 75
A 226
Große Lagune
NSG
Dummersdorfer
Ufer
Israelsdorf
Stockelsdorf
Kücknitz
Palingener
Heide und Halbinsel
Teschow
Schlutup
LSG Lauerholz
B 105
Selmsdorf
B 104
Bockholzberg
83
LÜBECK
Moore in der
Palinger Heide
Wakenitz
Eichholz
Palingen
Genin
Der kleine See
Strecknitz
Lüdersdorf
Burgwall
Lockwisch
Wakenitzniederung
Vorrade
Sankt Hubertus
LSG Wakenitz
und Falkenhusen
0
1,2km
Wulfsdorf
A 20
Groß Grönau
Niendorf

Tour 01

Sunset-Tour 01

Passathafen Travemünde

Marzipan – Meer – endlich Meer

DAUER	1h 45min
LÄNGE	22 km
HÖHENMETER	303 hm
SCHWIERIGKEIT	LEICHT
MIT ÖPNV ERREICHBAR	ja

Das erwartet dich ...

Die von der Trave umflossene Lübecker Altstadtinsel, mit dem Holstentor, der Sieben-Türme-Silhouette ihrer Kirchen, den malerischen Höfen und Gängen, an denen sich 1000 denkmalgeschützte Bauwerke reihen, steht als Zeugnis mittelalterlichen Städtebaus und heute als Weltkulturerbe unter dem Schutz der UNESCO. Das Seebad Travemünde punktet mit einem mehr als vier Kilometer langen, feinsandigen Strand an der Mündung der Trave in die Lübecker Bucht. Auf dem Priwall im Passathafen liegt die Viermastbark Passat, das Wahrzeichen von Travemünde.

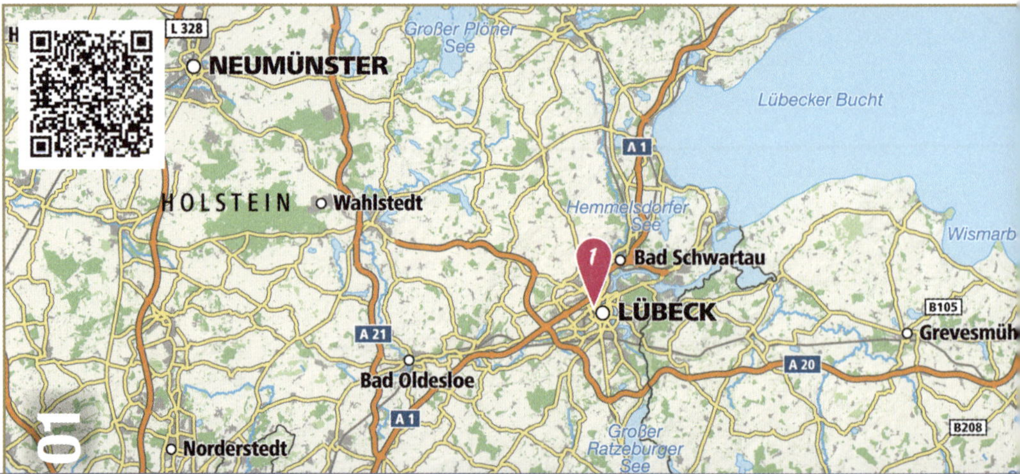

Sunset-Tour 01

Start & Ziel & Anreise

Start am Hauptbahnhof Lübeck, Ausgang zur Altstadt und ZOB.
Mit dem Auto auf der BAB A 1 oder der BAB A 20 zum Kreuz Lübeck und weiter auf der A 1 zur Anschlussstelle 22 Lübeck-Zentrum. Von der Stockelsdorfer Straße auf die Fackenburger Allee einbiegen und Richtung Zentrum und Hauptbahnhof fahren.
Mit der Bahn nach Hamburg Hauptbahnhof und im Anschluss mit Regionalbahnen und Intercity-Verbindungen nach Lübeck Hauptbahnhof.

Tourenbeschreibung

Zweifelsohne ist das Holstentor die berühmteste Sehenswürdigkeit Lübecks. Das Marzipan aus Lübeck hat die Hansestadt aber erst weltbekannt gemacht. Wir verlassen nun den Hauptbahnhof Lübeck zur Lübecker Altstadt und radeln nach links auf die Linden-Arcaden zu und dann rechts durch den Lindenpark zum Kreisverkehr. Mächtig erhebt sich vor uns das Holstentor mit Petri- und Marienkirche im Hintergrund. Hier gibt's ein Museum zur spannenden Geschichte der Hansestadt. Wir radeln über die Trave und müssen gleich mal im Marzipan-Speicher das edle Lübecker Marzipan probieren. Am Kohlmarkt geht's links zum Rathaus und zur imposanten Marienkirche, eine der höchsten und ältesten Backsteingotik-Kirchen der Welt. Durch die Fußgängerzone Breite Straße geht's geradeaus zur Jakobikirche. Sie ist eine Seefahrerkirche mit riesiger Orgel und einem bewegenden Museumsteil über den Großsegler Pamir. Über die Große Burgstraße gelangen wir nun zum Burgtor und verlassen die Lübecker Altstadt.

Erneut geht's über die Trave und links am Busbahnhof Gustav-Radbruch-Platz entlang zu den Burgfeld-Sportanlagen. Die Travemünder Allee macht ihrem Namen alle Ehre. Unter Bäumen radeln wir an ihr entlang und erreichen den Burgtorfriedhof. Wir queren die große Kreuzung und radeln weiter entlang der Travemünder Allee. Jetzt wird's grüner. Das Waldgebiet Lauerholz begleitet uns entlang der B 75 um die Anschlussstelle mit der B 104 herum zur Herreninsel an der Trave. Auf die andere Uferseite nach Lübeck-Siems gelangen wir durch den Herrentunnel und nur mit dem kostenlosen Shuttle-Bus. Zur Haltestelle des Busses geht's an der Anschlussstelle Lübeck-Herreninseln ein Stück geradeaus, dann rechts in die Straße Am Stau hinein und um das Tunnelportal herum.

In Lübeck-Siems angekommen radeln wir von der Shuttlebus-Haltestelle hinauf zur Seelandstraße, dort halten wir uns links bis wieder links die Straße Kieselgrund abzweigt. Ein Stück geht's nun an der B 75 entlang, dann unterfahren wir die B 75 auf der Straße Olendiek und stehen vor einer Straßenverzweigung. Wir radeln halbrechts durch den Wald zu einem Bahnübergang, queren ihn und folgen der Straße zur Kreuzung mit dem Waldhusener Weg. Geradeaus geht's auf dem Holzweg, so heißt die Straße, durch den Waldhusener Forst zum Pöppendorfer Großsteingrab mit Infos zum Grab und der geschichtsträchtigen Umgebung. Nun heißt die Straße Am Ringwall und führt uns nach Pöppendorf. Mitten im Dorf biegen wir links nach Ovendorf ab. Von dort radeln wir rechts auf der K 10 nach Ivendorf und im Ort beim Frankenkrogweg links zum Campingplatz an der Ivendorfer Landstraße. Der Radweg neben der Straße bringt uns an den Fährhafen Skandinavienkai in Travemünde. Der erstreckt sich rechts von uns. Wir aber radeln weiterhin entlang der Ivendorfer Landstraße bis zur Kreuzung mit dem Teutendorfer Weg. Rechts biegen wir ein, queren den Bahnübergang und folgen danach rechts der Travemünder Landstraße zur Straße Auf dem Baggersand. Links geht's nun entlang der Straße zur Priwallfähre. Wir setzen über und wenden uns am anderen Ufer sofort nach links. Die Straße Am Priwallhafen führt uns zum Passathafen. An der Landspitze liegt der Aussichtspunkt Travemünde. Endlich Meer.

Ein schönes Fleckchen zum Schauen und Entspannen. Besonders wenn ein großer Pott vorbeikommt. Gegenüber sehen wir bereits das Museumsschiff Passat. Zuvor kommen wir noch an der Ostseestation Travemünde vorbei, wo im kleinen Meeresmuseum Seenadel, Diskoqualle, Knurrhahn und Seehase zu Hause sind. Gönnen wir uns die Zeit und besuchen die elegante Viermastbark Passat, die bis 1957 unter Segeln um die Welt gefahren und 39 Mal Kap Hoorn umrundet hat. Heute ist sie Travemünder Wahrzeichen, Museumsschiff und beliebter Veranstaltungsort. Hier am Passathafen kehren wir erstmal ein und genießen den Ausblick zur Lübecker Bucht.

Zurück nach Lübeck geht's mit der Bahn vom Bahnhof Lübeck-Travemünde Hafen an der Vogteistraße.

02

Lübecker Bucht
Travemünde – Turku
Travemünde – Malmö
Travemünde – Helsinki
Travemünde – Rostock
Travemünde – Liepāja
Boltenhagen-Travemünde
NSG
Brodten
LSG Travemünder Winkel
B 75
Travemünde
Teutendorf
Groß Schwansee
Kuchenfeuer
Barendorf
Hakenbäk
Rosenhagen
Harkensee
Priwall
Deipsee
Pötenitzer Wiek
Pötenitz
Burgwall Feldhusen
Ivendorf
0 1,0km

Boltenhagen
Holstentor I

Aussichtstour 02

Travemünde - Boltenhagen

Die Steilküste am Klützer Winkel

DAUER	2h 30min
LÄNGE	28 km
HÖHENMETER	291 hm
SCHWIERIGKEIT	LEICHT
MIT ÖPNV ERREICHBAR	ja

Das erwartet dich ...

Eine prächtige Aussicht vom Passathafen auf das Seebad Travemünde mit seinem langen, feinen Sandstrand zum 30 m hohen Alten Leuchtturm. Wir radeln durch die ursprünglich geprägte Landschaft des Klützer Winkels, wo sich alte Backsteinkirchen inmitten grüner Wiesen und Felder mit Blick zur Ostsee abheben. Uralte Baumalleen führen zu kleinen Dörfern mit imposanten Schlössern und Herrenhäusern. Das Seebad Boltenhagen wartet mit Sandstrand, Kurpark und 290 m langer Seebrücke an der Küste des Klützer Winkels auf.

Aussichtstour 02

Start & Ziel & Anreise

Start am Passathafen auf dem Priwall. Mit dem Auto auf der BAB A 1 oder der BAB A20 zum Kreuz Lübeck und weiter auf der A1. Am Abzweig der BAB A226 Richtung Travemünde abbiegen und auf der B 75 nach Travemünde einfahren. Mit der Priwallfähre übersetzen und zum Passathafen fahren. Mit der Bahn nach Hamburg und im Anschluss mit Regionalbahnen und Intercity-Verbindungen nach Lübeck fahren und weiter mit der Regionalbahn zum Bahnhof Lübeck-Travemünde Hafen. Von dort mit dem Rad zur Priwallfähre und zum Passathafen übersetzen.

Tourenbeschreibung

Ein letzter Blick nach achtern zur Viermastbark Passat und zum Alten Leuchtturm von Travemünde und wir peilen unser nächstes Ziel an, das Seebad Boltenhagen.

Von der Priwallpromenade biegen wir auf den schmalen Dünenweg ein. Entlang der Wochenendsiedlung Priwall heißt die Straße Seeweg. Am Ende der Straße geht's nach rechts zur Mecklenburger Landstraße am Pötenitzer Wiek. Wir biegen links ab bis zur Kurve und verlassen nach links die Straße. Rechter Hand erstrecken sich weite Wiesen, während sich linker Hand der Strand hinter Bäumen versteckt. Bald erreichen wir eine Wegekreuzung. Rechts geht's ins Dorf Rosenhagen, links an den Strand, wir radeln geradeaus. Hier beginnt nun die Steilküste der wir bis Abzweig nach Barendorf folgen. Am Wochenende ab 12 Uhr gibt's hier in der Mobilen Kaffeebude „Kuchenfeuer" Kuchen vom Grill. Echt lecker.

Wir radeln geradeaus, links Wald rechts Felder, zum Abzweig Parkplatz Seestern und Strand Barendorf. Hier geht's kurz nach links und sofort wieder rechts durch den Wald zum Strand Kalkhorst und dem Strandparkplatz Schwansee. Ein Stück weiter gelangen wir zum Abzweig Naturstrand Groß Schwansee. Von rechts kommt eine schöne Lindenallee vom Schlossgut Groß Schwansee herauf. Mit frischer Brise von Backbord radeln wir oberhalb der Steilküste zum Naturschutzgebiet Brooker Wald. Einige Aussichtspunkte links des Weges bieten hier eine herrliche Aussicht über die Ostsee. Bald ist der Strand Brook erreicht, rechts liegt das Dorf Brook. Der Radweg folgt weiter der Steilküste im Wechsel von Aussichtsstellen und Stränden und wendet sich dann landeinwärts Richtung Warnkenhagen. Bei den ersten Häusern biegen wir links ab und am Uferweg erneut links zur aussichtsreichen Steilküste Kleinklützhöved. An ihr entlang erreichen wir den Aussichtspunkt beim Weiler Steinbeck.

Hier verlassen wir die Küste, radeln zum Weiler und links weiter nach Redewisch. Im Dorf halten wir uns links und biegen dann ebenfalls links zum Golfplatz Boltenhagen ab. Dort wenden wir uns nach rechts zum Hubenweg und folgen ihm nach Boltenhagen. Im Ort stoßen wir auf die Redewischer Straße und folgen ihr links über den Kreisverkehr zum Kurpark an der Ostseeallee. Links geht's zum Strand und zur Seebrücke von Boltenhagen. Um den Kurpark gruppieren sich gemütliche Restaurants.

Steilküste in Travemünde

Lübecker Bucht
Travemünde - Turku
Travemünde - Helsinki
Travemünde - Rostock
Travemünde - Malmö
Travemünde - Liepāja
Boltenhagen-Travemünde
NSG
Brodten
Travemünde
B 75
Museumsschiff Passat
Priwall
Pötenitzer Wiek
Botteberg 25
Hansefahrt
Rosenhagen
Kuchenfeuer
Barendorf
Harkenbäk
Café Redlich
Harkensee
Deipsee
Burgwall Feldhusen
Pötenitz
Groß Schwansee
Kalkhorst
Gutshaus Wilmstorf
Dummersdorfer Ufer
Trave
Dassower See
Dassower See
Dassow
B 105
B 105
Holmbach
Stepenitz
Selmsdorf
B 104
Bockholzberg 83
0 1,0 km

03 Seetour

Travemünde – Deipsee

Der Wind wird allzeit unser Begleiter sein

DAUER	2h 30min
LÄNGE	28,5 km
HÖHENMETER	284 hm
SCHWIERIGKEIT	LEICHT
MIT ÖPNV ERREICHBAR	ja

Das erwartet dich ...

Das maritime Bild des Ostseebades Travemünde prägen die breiten, weißen Sandstrände beiderseits der Travemündung, die Strandpromenade und der Alte Leuchtturm, 30 m hoch mit umlaufender Aussichtsgalerie mit Blick auf den Skandinavienkai und zum Windjammer Passat. Ein eindrucksvolles Naturschutzgebiet umschließt den Deipsee bis zur Ostseeküste, ein Paradies für Naturliebhaber. Am Weg entlang der Küste zum Priwall begleiten uns lange schmale Sandstrände, die zum Hinterland mit Waldstreifen gesäumt sind.

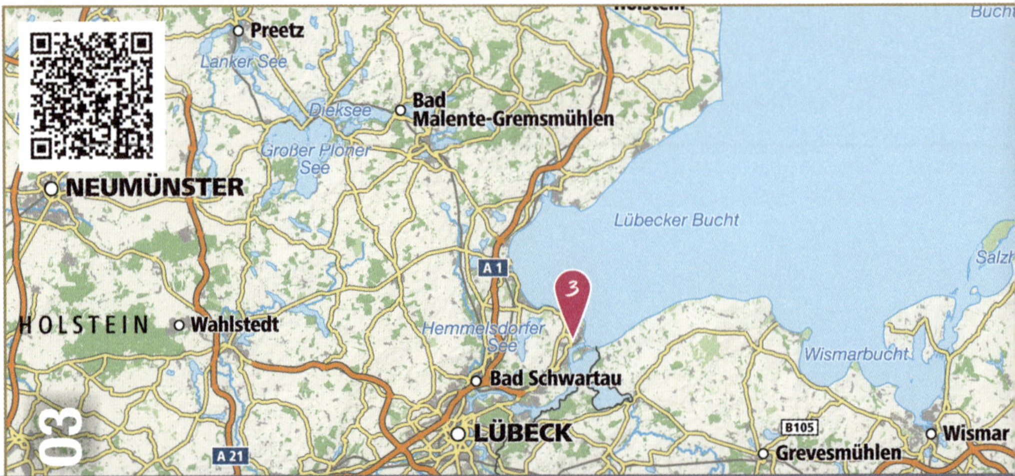

Start & Ziel & Anreise

Start am Bahnhof Lübeck-Travemünde Hafen

Mit dem Auto auf der BAB A 1 oder der BAB A 20 zum Kreuz Lübeck und weiter auf der A 1. Am Abzweig der BAB A 226 Richtung Travemünde abbiegen und auf der B 75 nach Travemünde einfahren und links in die Vogteistraße zum Hafenbahnhof. Mit der Bahn nach Hamburg Hauptbahnhof und im Anschluss mit Regionalbahnen und Intercity-Verbindungen nach Lübeck fahren und umsteigen in die Regionalbahn zum Bahnhof Lübeck-Travemünde Hafen.

Tourenbeschreibung

Vom Gebäude des Hafenbahnhofs in der Vogteistraße queren wir nach halbrechts die Straße und radeln durch den Hirtengang zur Kirche St. Lorenz und weiter hinunter an die Fähre zum Priwall. Wir setzen über und biegen sofort links auf die Straße Am Priwallhafen ein. Von der Landspitze schweift unser Blick zur Viermastbark Passat und über die Trave zum Alten Leuchtturm und dem Hotel Maritim. Auf der Priwallpromenade radeln wir um den Passathafen. Hier findet sich eine tolle Atmosphäre mit vielen kleinen Läden, Restaurants und der Ostseestation. Das ist ein kleines Aquarium, in dem die Tierwelt der Ostsee gezeigt wird. Vor uns ragen die Masten der Viermastbark Passat in den Himmel, die 1911 als einer der legendären Flying P-Liner vom Stapel gelaufen und bis 1957 unter Segeln um die Welt gefahren ist.

Von der Priwallpromenade biegen wir auf den schmalen Dünenweg ein und stoßen auf die Ortsstraße Dünenweg. Links schauen wir hinaus zur Lübecker Bucht.

Entlang der Wochenendsiedlung Priwall heißt die Straße Seeweg. Am Ende der Straße geht's nach rechts der ehemaligen Grenze entlang zur Mecklenburger Landstraße am Pötenitzer Wiek. Wir biegen links ab und radeln entlang der Straße zum Parkplatz, von dem es rechts durch den Wald zum ehemaligen Grenzwachturm geht. An der Kreisstraße biegen wir links nach Pötenitz ab. Wir radeln geradewegs durch das Dorf zum Deipsee, von dem der Harkenbäk in die Ostsee fließt. Er gehört zum Naturschutzgebiet Küstenlandschaft zwischen Priwall und Barendorf mit Harkenbäkniederung. Wir erreichen Harkensee und biegen am Ortsanfang links in die Straße der Freundschaft ein. Wem nach Kaffee und Kuchen ist, der fährt am Feuerlöschteich links Richtung Barendorf zum Café Redlich. Und wenn du denkst, deine Oma ist die beste Bäckerin, dann warst du noch nicht dort.

Wir verlassen Harkensee Richtung Groß Schwansee und radeln auf der schmalen Asphaltstraße an den Höfen von Dorf Neuenhagen vorbei. Am Ende der Straße geht's nun links über Klein Schwansee nach Groß Schwansee. Die Lindenstraße führt uns durch den Ort zum Hotel Schlossgut Groß Schwansee. Der Radweg zweigt am Kreisverkehr links zum Parkplatz und zur wunderschönen Lindenallee ab. Unter Lindenbäumen radeln wir zum Strand an der Ostsee. Dort treffen wir auf den Ostseeküsten-Radweg und folgen ihm Richtung Travemünde. Rechts am Radweg liegen die Strände von Kalkhorst und Barendorf. Am Abzweig nach Barendorf gibt's einen perfekten süßen Snack vom Grill in der Mobilen Kaffeebude „Kuchenfeuer", aber nur am Wochenende und an Feiertagen ab 12 Uhr. Das nächste Dorf, Rosenhagen, liegt etwas abseits des Radweges. Wir lassen es links liegen und kommen zum Priwall zurück. Ein Gedenkstein an der Mecklenburger Landstraße erinnert an die ehemalige DDR-Grenze. Ab hier radeln wir wieder auf dem Hinweg über den Passathafen und mit der Priwallfähre zurück zum Hafenbahnhof an der Vogteistraße.

Autoren Tipp

Schnell wie der Wind: Auf dem Museumsschiff Passat werden wir ins Zeitalter der Windjammer versetzt. Die maritime Ausstellung im Bauch des Schiffes gibt spannende Einblicke in das Leben auf großer Fahrt an Bord des sturmerprobten Schiffes. Die Passat gehört zur legendären Reihe von Frachtseglern der Hamburger Reederei F. Laeisz, deren Namen mit einem P begannen. Das waren 66 von 86 Segelschiffen. Öffnungszeiten: Mai bis September tgl. 10:00 – 17:00 Uhr, April und Oktober 11:00 – 16:30 Uhr.

Mecklenburger Bucht
Boltenhagen
Tarnewitzer Huk
Tarnewitz
Weiße Wiek
Wohlenberger Wiek
Fischräucherei Zur Mole
Gutshaus Hohen Wieschendorf
Wismarbucht
Naturschutzgebiet Fauler See-Rustwerder
Kirchdorf
Timmendorf
Gutshaus Gramkow
Zierow
Hohenkirchen
Herrenhaus Manderow
Gägelow
B 106
Poeler Kogge
Welt-Erbe-Haus
Wismar
Warnow
Santower See
Fierdsberg 101
Heideberg 113
Iserberg 100
B 105
Grevesmühlen
Barnekow
B 106
Fischteich
Wulfsberg 7
A 20
Tressower See
Meierstorf
Metelsdorf
Schloss Tressow
Plüschow
A 20
Upahl
B 208
Groß Krankow
Bobitz
Groß Stieten
0
1,4 km

04

04 Kultour

Boltenhagen – Wismar

Von Räucherfisch bis Segeltörn

DAUER	2h 15min
LÄNGE	28,1 km
HÖHENMETER	318 hm
SCHWIERIGKEIT	LEICHT
MIT ÖPNV ERREICHBAR	nein

Das erwartet dich ...

Alte Bäderarchitektur, verbunden mit frischem Ostseeflair, das ist Boltenhagen. Das wohl beliebteste Postkartenmotiv ist die bunte Häuserzeile in der historischen Mittelpromenade. Sie entstand in den 1920er Jahren und gehört zu Boltenhagens Attraktionen, gepaart mit Geschäften und Restaurants. Seit 2002 stehen die Altstadt der Hansestadt Wismar mit ihren Giebelhäusern und Backsteinkirchen sowie der historische Alte Hafen als Kulturerbe unter dem Schutz der UNESCO. Der 80 m hohe Turm der gotischen Marienkirche ist ein Wahrzeichen Wismars.

Start & Ziel & Anreise

Start am Kurpark im Ostseebad Boltenhagen an der Ostseeallee, Zugang zur Seebrücke.

Mit dem Auto von Lübeck bzw. Rostock auf der BAB A20 bis Anschlussstelle 2 Grevesmühlen. Nach Grevesmühlen fahren und auf der L03 über Klütz nach Boltenhagen zum Großparkplatz am Kurpark an der Ostseeallee.

Tourenbeschreibung

Aufgesattelt wird am Kurhaus von Boltenhagen in der Ostseeallee beim Kurpark. Wir verlassen das Ostseebad auf der Ostseeallee Richtung Campingplatz, kommen noch am Buddelschiffmuseum vorbei, mit beeindruckender Sammlung von Flaschenschiffen, bis rechts die Tarnewitzer Chaussee abzweigt. Wir biegen ein und stoßen auf die Tarnewitzer Str. Richtung Dorfmitte, dann kommen wir zum Dorfkrug, einer urigen Kneipe, und biegen in den Stadtweg ein. Ein Radweg führt uns an die Umgehungsstraße. Geradeaus geht's nun auf unbefestigtem Weg mitten durch die Felder, gesäumt von Bäumen. Am Ende des Weges wenden wir uns nach links, am Tarnewitzer Camp vorbei, zur Landesstraße. Links geht's weiter nach Wohlenberg. Am Zugang zur Mole liegt die Fischräucherei Zur Mole. Hier gibt's leckeren, frischen Räucherfisch.

Auf dem Radweg parallel zur Straße gelangen wir an den Campingplatz Ostseequelle. Nach der Straßenkurve biegen wir links ab und radeln am Campingplatz Liebeslaube entlang, dann links durch die Ferienhaussiedlung an das Ostseeufer.

Nach rechts radeln wir, beschirmt durch die Bäume des Küstenwaldes, zum Abzweig nach Beckerwitz Ausbau. Dort stoßen wir auf die Straße Zur Wiek und wenden uns nach links bis zur Straße Am Felde. Das Sträßchen führt uns ins Dorf Beckerwitz an die Ostseestraße. Nach links schwenken wir ein und am Stadtweg nach rechts. Das schmale Asphaltsträßchen führt uns über die Felder und durch eine scharfe Kurve nach Eggerstorf. Wir radeln auf der Ortsdurchfahrt bis zur Lindenstraße, die uns nach Zierow bringt.

In Zierows Ortsmitte halten wir uns geradeaus und folgen der Fliemstorfer Straße nach Fliemstorf. Dort schwenken wir rechts ab und folgen der Allee nach Hoben, ein kleines malerisches Örtchen mit reetgedeckten Häusern. Durch das Dorf gelangen wir zum Ostseeufer und radeln rechts Richtung Wismar. Steil fällt hier die Küste ab. Vor Wismar-Wendorf geht's kurz durch ein Wäldchen an die Straße und zum Parkplatz Seebrücke Wendorf. Wir radeln links auf der Ernst-Scheel-Straße nach Wismar hinein bis an ihr Ende. Dort geht's auf einer schmalen Straße geradeaus an der Kläranlage vorbei, dann links haltend auf dem Schwarzer Weg zur Lübsche Straße bis zum Baumarkt. An der Kreuzung queren wir die Straße und radeln am See entlang durch den Ziegeleipark. Entlang der Köppernitz passieren wir die Hochschule und folgen dem Weg nach links um den Parkplatz herum zur Lübsche Straße. Dort schwenken wir rechts ab zum Kreisverkehr. Hier geht's links in die Ulmenstraße zum Parkplatz Altstadt/Westhafen und geradeaus zum Alten Hafen und ZOB.

Am Alten Hafen liegt die Poeler Kogge Wissemara. Lust auf einen Segeltörn? Für drei Stunden geht's hinaus in die Wismarbucht. Wer lieber durch die Altstadt schlendern möchte, fährt durch das Wassertor in die Straße Spiegelberg und biegt an der Straße Hinterm Chor rechts zur St. Nikolai Kirche ab. Über die Schweinsbrücke geht's immer geradeaus zum Markt und UNESCO-Welterbe Altstadt Wismar.

Autoren Tipp

Ausstellung im Welt-Erbe-Haus: Das Besucherzentrum vermittelt einen lebendigen Eindruck zur Geschichte Hanse und der Hansestadt Wismar. Optisches Highlight ist das Tapetenzimmer. 64 Quadratmeter wertvolle französische Papierdrucke aus dem Jahre 1823 zeigen die mythologische Geschichte „Reise des Telemach auf die Insel Calypso" des Künstlers Xavier Mader. Lübsche Straße 23, neben der Tourist-Information. Täglich geöffnet.

Mecklenburger Bucht
Timmendorf-Strand
Timmendorf
Wangern
Weitendorf
Kirchdorf
Fährdorf
Naturschutzgebiet Fauler See-Rustwerder
Groß Strömkendorf
Blowatz
Fauler Bach
Plastbach
Krusenhagen
Wismarbucht
Kirchdorf-Wismar
Zierow
Großsteingrab von Proseken
Gägelow
B 106
B 105
Wismar
Mühlenteich
Jungfernteich
Köppernitz
Hornstorf
A 14
A 20
0 1,0km
5

Sunset-Tour 05

Wismar – Insel Poel

Poeler Strände – Elftausend Meter Strand verbinden das grüne Land Poel mit der Ostsee

DAUER	3h 45min
LÄNGE	41,3 km
HÖHENMETER	317 hm
SCHWIERIGKEIT	MITTEL
MIT ÖPNV ERREICHBAR	ja

Das erwartet dich ...

Eine Variante des Ostseeküsten-Radweges führt uns von Wismar über Groß Strömkendorf auf die Insel Poel mit alten Gutshäusern, Alleen mit Kopfsteinpflaster, Leuchttürmen, alten Schulhäusern, Museen und der Inselkirche. Feinsandige Strände gibt es bei der Siedlung Am Schwarzen Busch und Timmendorf-Strand. Um den 140 Jahre alten Leuchtturm am Hafen Timmendorf genießen wir maritimen Flair bei wunderschönen Sonnenuntergängen. Die Promenade ist eine Flaniermeile mit Souvenirläden, Cafés und Restaurants.

Start & Ziel & Anreise

Start am Wassertor beim Alten Hafen an der Wasserstraße in Wismar.
Mit dem Auto von Lübeck bzw. Rostock auf der BAB A 20 bis zum Kreuz Wismar. Auf die BAB A 14 nach Wismar abbiegen und über den Bahnhof Wismar zum Parkhaus Altstadt-Hafen fahren.
Mit der Bahn, Linie RE 2 von Berlin-Ostkreuz oder von Rostock mit der Linie RB 11 nach Wismar fahren. Vom Bahnhof Wismar mit dem Rad zum Alten Hafen an der Wasserstraße fahren, ca. drei Minuten.

Tourenbeschreibung

Vom Wassertor am Alten Hafen radeln wir die Wasserstraße entlang zur Kreuzung mit der Poeler Straße vor dem Bahnhof. Links folgt der Ostseeküsten-Radweg der Poeler Straße und zweigt dann links in die Straße Am Torney ein. Nach der engen Kurve schwenken wir an der Kreuzung rechts ab und radeln auf dem eigenen Radweg an der Straße Am Haffeld entlang. Gleich hinter der Palettenwerkstraße führt der Radweg nach links über die Wiese zur Straße am Seeufer. Wenige Meter davor führt ein Radweg nach links und gleich wieder nach links zum Fauler See. Nach rechts geht's kurz am Ufer entlang und weiter zum Dorf Redentin zur Inselstraße. Wir queren die Straße und radeln links entlang der wunderschönen Allee nach Groß Strömkendorf.

Am Abzweig zur Insel Poel liegt das reetgedeckte Hotel Schäfereck. Wir biegen auf die Wismarsche Straße ein und radeln auf dem Damm über den Meeresarm auf die Insel. Das erste Dorf auf der Insel ist Fährdorf und auch das älteste auf der Insel Poel. Geradeaus erreichen wir Kirchdorf und radeln im Linksbogen zum Inselmuseum am Möwenweg. Wir kommen zum Hafen am Kirchsee und gönnen uns ein Fischbrötchen. Die Inselkirche lassen wir links liegen und fahren am Ufer entlang über Weitendorf nach Wangern. Nun biegen wir von der Landesstraße links in die schmale Asphaltstraße ein nach Hinter Wangern. Hier wenden wir uns nach links und erreichen das Ufer der Wismarbucht. Am Parkplatz schwenken wir rechts ein und radeln entlang des Küstenwaldstreifens nach Timmendorf Strand. Vor uns ragt der weiße Leuchtturm empor, unser Ziel am Hafen Timmendorf.

Tau'n Lüchttorm heißt die Straße die uns am Reisemobilstellplatz entlang zum linksseitigen Abzweig des Ostseeküsten-Radweges führt. Der unbefestigte Weg schlängelt sich zum Küstenwald oberhalb der Steilküste. An der Wegekreuzung nach Neuhof geht's erst rechts Richtung Neuhof und dann links zur Siedlung Am Schwarzen Busch. Rechts radeln wir auf der Straße Zum Reetmoor durch die Siedlung und biegen am Ende links ab zum Strand. Ein prima Platz um Sonnenuntergänge zu beobachten und das Rauschen der Ostsee zu genießen. Wir halten uns rechts zum Küstenwald und radeln am Leuchtturm Gollwitz vorbei nach Gollwitz.

Am Inselhotel vorbei geht's über Felder nach Vorwerk an der Kreisstraße. Links radeln wir nun über Malchow zurück nach Fährdorf und über den Damm nach Groß Strömkendorf aufs Festland.

Der Strand am Schwarzen Busch auf der Insel Poel

Mecklenburger Bucht
Kühlungsborn
Molli-Museum
Bastorfer Signalberg 78
Bastorf
Zimmerberg 109
Rerik
Flöhbarg 26
Wustrow
Biendorf
Roggow
Russow
Salzhaff
B 105
Pepelow
Rakow
Neubukow
Boiensdorf
Bäckerei Backstuw
B 105
Alt Bukow
Blowatz
Ravensberg
Groß Strömkendorf
Farpener Stausee
Entenmoor
Paßberg 105
Neuburg
Krusenhagen
Lünenberg 118
0 1,4 km
B 105

Tour 06

06 Seetour

Auf nach Kühlungsborn

Salzhaffromantik – In jedem „Schietwedder“ steckt ein bisschen Regenbogen

DAUER	3h 15min
LÄNGE	38,5 km
HÖHENMETER	511 hm
SCHWIERIGKEIT	LEICHT
MIT ÖPNV ERREICHBAR	nein

Das erwartet dich ...

Sanft gewellte Feldfluren, reetgedeckte Häuser und der Blick auf das Salzhaff begleiten den Ostseeküsten-Radweg zwischen Groß Strömkendorf und dem Ostseebad Rerik. Lange, beeindruckenden Alleen spenden uns Schatten bis zum Ostseebad Kühlungsborn. Kühlungsborn ist eines der attraktivsten Seebäder der Ostseeküste mit Parks und weißen Bädervillen im Stil der Bäderarchitektur an der rund 5 km langen Strandpromenade. Von Kühlungsborn dampft Molli nach Bad Doberan. So heißt die älteste Schmalspurbahn der Ostseeküste.

Seetour 06

Start & Ziel & Anreise

Start in Groß Strömkendorf beim Hotel Schäfereck an der Straße Zum Schäfereck. Mit dem Auto von Lübeck bzw. Rostock auf der BAB A20 bis zum Kreuz Wismar. Auf der BAB A 14 zur Anschlussstelle 1 Kritzow, hier geradeaus und hinterm Flugplatz rechts abbiegen auf die L12 Richtung Ostseebad Insel Poel und bis nach Groß Strömkendorf fahren.

Tourenbeschreibung

Von Groß Strömkendorf am Hotel Schäfereck folgt der Radweg der Küstenlandstraße über Wodorf, da gibt's ein gemütliches Radlercafé, in das Dorf Blowatz und zur Dorfkirche im Ortsteil Dreveskirchen mit Barockorgel aus dem Jahr 1754. Typisch für die Region steht sie als markantes Landzeichen auf einer Anhöhe. Nächster Halt ist Stove an der Holländer-Windmühle. Die als Museum zugängliche Windmühle von 1889 ist ein Wahrzeichen der Salzhaffregion. Gegenüber in der Bäckstuw gibt's leckeres Holzofenbrot.

Wir folgen der Mühlenstraße nach Boiensdorf. Gleich am Ortsanfang liegt links die Weidenwerkstatt von Andreas Müller, in der Körbe, Taschen und Sitzmöbel entstehen. Wer zum Strand am Salzhaff radeln möchte, biegt an der scharfen Kurve im Dorf links ab in die Straße Zum Strand. Sonst führt uns der Ostseeküsten-Radweg entlang der Landesstraße, ist hier eine tolle Allee, über Pepelow nach Rakow. Wir stoßen auf die Dorfstraße und schwenken nach links ab Richtung

Teßmannsdorf. Hier gibt's zwar wenig Verkehr aber trotzdem benutzen wir den Radweg links neben der Straße. Von Teßmannsdorf radeln wir rechts haltend an die Kreisstraße und nach Roggow. Dort, in der hübschen, kleinen Töpferei können wir in Ruhe gucken und stöbern. Weiter geht's entlang der Kreisstraße zum Ostseebad Rerik. Wir fahren geradeaus zum Haffanleger im Hafen und machen Rast.

Vom Haffplatz zwischen Seebrücke und Hafen führt unsere Route auf der Dünenstraße ortseinwärts zur Johanniskirche. An der Leuchtturmstraße biegen wir links ein und geradeaus geht's nach Neu Gaarz. Entlang des Meschendorfer Weges Richtung Meschendorf sind mehrere Megalithanlagen ausgeschildert, darunter die Ganggräber Urdolmen von Neu Gaarz und Mechelsdorfer Urdolmen.

Am Seeweg biegen wir nach Mechelsdorf ab. Hier fuhr einst eine 14 km lange Schmalspurbahn, die Rübenbahn, vorbei. Der Bahndamm ist heute ein Radweg, dem wir von der Lindenstraße aus nach links an die Landesstraße folgen und dann links nach Kägsdorf radeln. Auf halbem Weg zweigt rechts die Kägsdorfer Straße ab und führt nach Bastorf zum Leuchtturm. Er ist der höchstgelegene Leuchtturm in Deutschland, auch wenn er mit nur 21 m Turmhöhe zu den kleinsten gehört. Er bietet aber eine super Aussicht, nach 55 Stufen im Turm geht's auf demselben Weg zurück. Wer sich den Leuchtturm spart, radelt weiter nach Kägsdorf. Auf der Dorfstraße geht's durch Kägsdorf, dann immer geradeaus und dem Asphaltsträßchen folgen, das sich durch die Felder Richtung Kühlungsborn schlängelt. An der Spitzkurve radeln wir geradeaus, am Mühlbach entlang, auf den Küstenschutzwald zu und wenden uns dann nach rechts. An der Ostseeklinik erreichen wir das Ostseebad Kühlungsborn und radeln auf der Waldstraße am Campingplatz vorbei, dann links auf der Tannenstraße zur Strandpromenade am Baltic Park. Links unterhalb erwartet uns einer der attraktivsten Strände an der Ostsee.

Autoren Tipp

Dampfnostalgie: Molli ist die älteste Schmalspurbahn der Ostseeküste. Von der Münsterstadt Bad Doberan fahren die Nostalgiezüge schnaufend und bimmelnd erst durch enge Straßen, dann längs einer der schönsten Lindenalleen Mecklenburgs zur ältesten Galopprennbahn Festlandeuropas und in die Seebäder Heiligendamm und Kühlungsborn. Die Fahrt auf der 15,2 km langen Strecke dauert ungefähr eine Dreiviertelstunde. Im Bahnhof Kühlungsborn West gibt es noch das kleine Molli-Museum, in der Fritz-Reuter-Straße 1.
Di ist Ruhetag, sonst 11-16:30 Uhr.

Mecklenburger
Bucht
Kühlungsborn
Bastorfer Signalberg
78
Bastorf
Fulgenbach
Kattenbeck
Wittenbeck
Zimmerberg
109
Großsteingrab
Hohen Niendorf
Kleiner Jägersberg
92
Diedrichshagener Berg
130
0 1,0 km
Conventer See
Conventer See
Mühlenfließ-Kanal
Bollhäger Fließ

Aussichtstour 07

Kühlungsborn – Warnemünde

Den Wind im Rücken, rollen die Räder an den Alten Strom

DAUER	2h 15min
LÄNGE	28,1 km
HÖHENMETER	271 hm
SCHWIERIGKEIT	LEICHT
MIT ÖPNV ERREICHBAR	ja

Das erwartet dich ...

Entlang der Steilküste begleitet uns die dampfende Molli nach Heiligendamm. Am Kap Stoltera bietet sich uns eine fantastische Aussicht auf die Ostsee. Letztendlich erreichen wir den Alten Strom, das maritime Herz Warnemündes. Hier liegen Fischkutter, Fahrgastschiffe und Yachten. Die Häuser, die früher einmal die Vörreeg säumten, beherbergen Cafés, Gaststätten und Geschäfte. Zwischen Bäderarchitektur und Meer führt die Seepromenade vom Leuchtturm entlang des feinkörnigen Sandstrandes.

Start & Ziel & Anreise

Start in Kühlungsborn beim Baltic Park.
Mit dem Auto von Rostock auf der B 105 nach Bad Doberan und dort auf die L 12 nach Kühlungsborn fahren. An der Kreuzung mit der Schlossstraße rechts einbiegen und am Bahnübergang links zur Friedrich-Borgward-Straße. Hier rechts zum Parkplatz.
Von Wismar auf der B 105 nach Kröpelin fahren. Dort nach Kühlungsborn abbiegen.
Mit der Bahn von Rostock oder Wismar nach Bad Doberan fahren. Dort in die Mecklenburgische Bäderbahn nach Kühlungsborn umsteigen.

Tourenbeschreibung

Von der Strandpromenade am Baltic Park im Ostseebad Kühlungsborn-West radeln wir halbrechts und auf der Ostseeallee oberhalb des Strandes zur Seebrücke Kühlungsborn. Am Kreisverkehr geht's links zur Strandpromenade und gleich rechts auf den Radweg neben der Strandpromenade zur Marina. Hier halten wir uns rechts zur Hafenstraße und biegen sofort nach der Kreuzung links auf den Schotterweg ein. Oberhalb der Steilküste radeln wir nun durch den Küstenschutzwald Richtung Heiligendamm. Auf halber Strecke führt ein Stichweg rechts zum Haltepunkt Steilküste/Wittenbeck der Molli-Bahn. Danach macht der Radweg einen Schlenker nach rechts und vor dem Feld nach links durch das Waldstück Kleiner Wohld zur Straße Kinderstrand vor Heiligendamm. Am Bahnübergang queren wir die Straße, radeln direkt am Bahnhof Heiligendamm der Molli-Bahn vorbei und wenden uns an der Straße vor dem Kurpark nach rechts. Während des Sommerfahrplans lässt sich hier das Schauspiel der sich kreuzenden Dampfzüge beobachten.

Ein Stück radeln wir neben der Bahn und biegen dann aber an der Seedeichstraße links ab zum Strand von Heiligendamm. Dort geht's nach rechts zur Jemnitzschleuse und an diversen Parkplätzen vorbei nach Börgerende. Rechter Hand erstreckt sich der Conventer See, Kernstück eines Rast- und Brutgebietes verschiedener Wasservogelarten. Nun verlassen wir die Ostseeküste und radeln landeinwärts nach Rethwisch. Am Strandzugang von Börgerende zweigt die Seestraße ab, der wir nach Rethwisch folgen. Im Ort biegen wir auf die Nienhäger Straße links ein und radeln auf dem separaten Radweg wieder Richtung Ostseeküste zum Ostseebad Nienhagen. Von der Landesstraße geht's links in die Strandstraße bis an den Strand.

Die malerische Lage an der Ostsee mit dem Gespensterwald über der Steilküste inspirierte Künstler wie den impressionistischen Maler Lovis Corinth, der hier 1909–1917 zahlreiche Grafiken und Bilder schuf, darunter das Gemälde „Fischerkind aus Nienhagen".

Am Ende der Strandstraße führt der Ostseeküsten-Radweg nach rechts durch den Küstenwald oberhalb der Steilküste zum Kap Stoltera. Unterwegs laden Schutzhütten zur Rast ein. Dann ist die eindrucksvolle Kliffküste von Kap Stoltera erreicht. Hier entfernt sich der Radweg etwas von der Küste und führt parallel zu ihr zum Hotel Wilhelmshöhe, das liegt links direkt an der Steilküste. Geradeaus erreichen wir bald Warnemünde. Am Ende einer Kleingartenanlage stoßen wir auf die L 12, der Parkstraße und radeln an ihr entlang ins Zentrum von Warnemünde. Auf der von Bäumen gesäumten Mühlenstraße steuern wir direkt auf die Kirche von Warnemünde zu. Hinter der Kirche führt uns die Kirchenstraße als Fußgängerzone zur Bahnhofsbrücke am Alten Strom, dem maritimen Herz Warnemündes. Gegenüber liegt der Bahnhof Warnemünde, das Ziel der Etappe.

Autoren Tipp

Vom Alten Strom zum Neuen Strom: Schiffshörner und Rufe der Seeleute locken uns zum Alten Strom. Ausflugsschiffe legen hier zu Hafenrundfahrten nach Rostock ab. Sie führen zur Westmole hinaus, am Seenotrettungskreuzer Arkona und am Leuchtturm vorbei, und drehen dann in den Neuen Strom Richtung Überseehafen Rostock ab. Backbords erkennen wir die Yachthafenresidenz Hohe Düne und erreichen den Passagierkai. Mit etwas Glück liegen dort Kreuzfahrtschiffe oder Großsegler.

Mecklenburger Bucht
8
Müritz
Graal-Müritz
Graal
Stromgraben
Rostocker Heide
Heiligensee
Heiligensee und Hütelmoor
Prahmgraben
Sandfurtsbach
Halebach
Markgrafenheide
Hinrichshagen
Radelsee
8
NSG
Niederhagen
B 105
Rövershagen
B 103
NSG
ROSTOCK
Schnatermann - Markgrafenheide
Peezer Bach
Mönchhagen
Volkenshagen
B 105
Unterwarnow
Häschendorf
Klein Kussewitz
A 19
B 105
Goorstorf
Bentwisch
0 1,0 km
Groß Kussewitz

Aussichtstour 08

Warnemünde – Graal-Müritz

Wo 1000-jährige Eichen in den Himmel ragen und blaue Frösche quaken

DAUER	1h 30min
LÄNGE	17,5 km
HÖHENMETER	155 hm
SCHWIERIGKEIT	LEICHT
MIT ÖPNV ERREICHBAR	ja

Das erwartet dich ...

Vom Ostseebad Warnemünde führt der Ostseeküsten-Radweg ins Seebad Hohe Düne und Markgrafenheide, dann unter mächtigen Bäumen durch die Rostocker Heide in das Ostseeheilbad Graal-Müritz mit feinsandigem Strand, restaurierten Fischerkaten, schilfgedeckten Büdner-Häusern und dem Rhododendronpark, in dem im Mai/Juni über 2000 Stauden erblühen. Die Rostocker Heide ist das letzte große geschlossene Waldgebiet an der deutschen Ostseeküste und ist wegen ihrer mächtigen Einzelbäume berühmt.

Aussichtstour 08

Start & Ziel & Anreise

Start in Warnemünde auf der Mittelmole am Bahnhof Warnemünde, Parkplätze am Bahnhof. Mit dem Auto von Rostock auf der B 105 Richtung Bad Doberan und auf die B 103 nach Warnemünde abbiegen. Dort auf der Rostocker Straße zum Bahnhof auf der Mittelmole. Parken auf den Parkplätzen beim Bahnhof. Mit der Bahn nach Rostock Hauptbahnhof fahren und dort umsteigen in die S 1 nach Warnemünde. Oder mit dem ICE Linie 17 von Berlin über Rostock zum Bahnhof Warnemünde.

Tourenbeschreibung

Am Bahnhof Warnemünde auf der Mittelmole nehmen wir den Ausgang Passagierkai und wenden uns zur Fähre nach Hohe Düne. Die Fährschiffe über den Seekanal pendeln ganzjährig. Vom Anleger an der Kreisstraße radeln wir auf dem separaten Radweg entlang der Straße Richtung Markgrafenheide, werfen aber vorher einen Blick in den imposanten Yachthafen Hohe Düne linker Hand. Neben dem Yachtenhafen erstreckt sich der Strand von Hohe Düne, er ist mit einer der besten Strände im Raum Rostock. Rechts der Straße am Breitling erstreckt sich der Marinestützpunkt Hohe Düne.

Bald zeigt sich das Naturschutzgebiet um den Radelsee. In der Kurve vor Markgrafenheide beginnen die Strände des Ostseebades. Hier führt uns der Ostseeküsten-Radweg landeinwärts noch immer an der Kreisstraße entlang. Benannt ist der Ort einer Sage zufolge nach einem Markgrafen, der in einem goldenen Sarg in der Heide begraben liegen soll.

Wir erreichen die Brücke am Moorgraben und radeln rechts über den Parkplatz an der Warnemünder Straße in den Wald der Rostocker Heide hinein. Etwas abgesetzt von der Straße erreichen wir einen Parkplatz mit Bushaltestelle. Kurz dahinter queren wir die Straße zum Brandts Kreuz Weg. Hier ist Brandts Kreuz ausgeschildert, einer der schauerlichen Orte, von denen es zahlreiche in der Rostocker Heide geben soll. Brandts Kreuz wurde zum Andenken an den Jäger Brandt errichtet, dem 1669 ein unheimlicher Keiler den Bauch aufschlitzte.

Nach der Wegekurve biegen wir links in den Sandfurtsweg ein, passieren eine Schutzhütte an der Kuhschneise und radeln jetzt im Kellerheidenweg zu einem Abzweig der links zum Naturschutzgebiet Heiligensee und Hüttelmoor führt. Eine Aussichtsplattform gewährt uns Einblicke in dieses einzigartige Naturparadies. Geradeaus erreichen wir den Blocksbrückenweg. Links geht's zu einem Aussichtsturm, ebenfalls mit Blick über das Naturparadies. Rechts führt unser Weg zur Kreuzung mit der Antsollschneise. Wir wenden uns nach links und radeln im Rechtsbogen zur Schutzhütte an der Schneidenschneise. Geradeaus führen uns die Schilder zum Ostseeheilbad Graal-Müritz.

Dort, an der Wiedortschneise geht's ganz kurz nach links und sofort rechts in den Heuweg. Er bringt uns an den Abzweig zum Rhododendronpark. Rechts geht's zum Parkplatz an der Kurstraße und links zu den Eingängen des Parks der im Mai/Juni in allen Farben erstrahlt und die Luft vom Duft der Pflanzen erfüllt ist. Geradeaus geht's an den feinsandigen Strand, wo uns einige Restaurants erwarten. Rechts radeln wir durch den Küstenschutzwald am Graal-Müritz Hotel vorbei zur Seebrücke. Links ragt sie 350 m weit in die Ostsee. An der Spitze sticht die MS Baltica nach Warnemünde in See, die Fahrt dauert etwa zwei Stunden. Alternativ: Gesundheit und Sport vereinigt die Wellnessoase „Aquadrom" landeinwärts am Nachtigallenweg.

Autoren Tipp

Wanderung der blauen Frösche: Jedes Frühjahr geht der Moorfrosch zu Tausenden auf eine gefährliche Wanderschaft. Sein Ziel sind die Laichplätze im Ribnitzer Großen Moor. Das Einzigartige am Moorfrosch: Für wenige Tage verfärben sich die männlichen Tiere und tragen statt des üblichen unscheinbaren Brauns ein leuchtend blaues „Hochzeitskleid". Im April ist das Naturspektakel zwei bis drei Wochen lang zu sehen. Während dieser Zeit bietet die Kurverwaltung Graal-Müritz Führungen dorthin an.

Mecklenburger Bucht
Dierhagen Ost
Dierhagen Dorf
Neuhaus
Ribnitzer Großes Moor
Dändorf
Müritz
Graal-Müritz
Graal
Hof Körkwitz
Klockenhagen
Strömgraben
Rostocker Heide
Heiligensee
Gelbensander Forst
B 105
Haubach
Wallbach
Prahmgraben
Heiligensee und Hütelmoor
Sandfurtsbach
Hallebach
Gelbensande
Wallberg
Jagdschloss Gelbensande
Waldcafé Meyers Haltestelle
Hinrichshagen
Niederhagen
Rövershagen
Behnkenhagen
Bäk
Blankenhagen
Mönchhagen
Volkenshagen
Häschendorf
Klein Kussewitz
Poppendorf
0 1,0 km

Tour 09

Architektour 09

Jagdschloss Gelbensande

Auf großherzoglichen Spuren durch die Rostocker Heide

DAUER	2h
LÄNGE	23,3 km
HÖHENMETER	273 hm
SCHWIERIGKEIT	LEICHT
MIT ÖPNV ERREICHBAR	ja

Das erwartet dich ...

Wir erkunden das waldreiche Hinterland von Graal-Müritz. In traumhafter Lage pausieren wir beim Waldcafé Meyers Hausstelle. Spektakuläre Märchenschloss-Architektur erwartet uns schließlich beim Jagdschloss Gelbensande. Hier fand 1904 die Verlobung von Cecilie von Mecklenburg-Schwerin mit dem preußischen Kronprinzen Wilhelm statt. Das Ostseebad Graal-Müritz erstreckt sich fast 5 km entlang der Ostseeküste. Ebenso lang ist der breite, weiße Sandstrand. Nach der Tour erwartet uns also ein Badevergnügen unter besten Voraussetzungen.

Architektour 09

Start & Ziel & Anreise

Start in Graal-Müritz am Parkplatz Bahnhofstraße am Bahnhof Graal-Müritz.
Mit dem Auto von Rostock auf der B 105 bis vor die BAB A 19. Dort links auf die L22 abbiegen und rechts über die Autobahn BAB A 19. Auf der L22 über Nienhagen nach Graal-Müritz fahren und dort der L22 zum Bahnhof Graal-Müritz in der Bahnhofstraße folgen.
Mit der Bahn nach Rostock Hauptbahnhof fahren. Dort umsteigen in die Regionalbahn, Linie RB 12 nach Graal-Müritz.

Tourenbeschreibung

Wir starten und beenden unsere Route am Bahnhof Graal-Müritz. Vom Parkplatz am Bahnhof radeln wir rechts durch die Bahnhofstraße geradewegs auf den Graaler Landweg zu. Geradeaus geht's erst durch die Ortsstraße und dann auf dem breiten Waldweg in den Wald hinein. Kurz vor dem Solarpark zweigt die Natheidenschneise rechts ab. Ein Wegweiser zeigt uns die Richtung nach Gelbensande. Schnurgerade radeln wir durch den schattigen Mischwald. Bald schon surren die Pneus wieder über Asphalt. Wir folgen dem Sträßchen und stoßen auf die Schlemminschneise. Dort gibt's einen schönen Rastplatz unter einer mächtigen Kiefer. Links geht's zur Kreuzung unter der beeindruckenden Jagdeiche. Wir biegen rechts in die Dankelmannschneise ein und wieder geht's schnurgerade durch die Rostocker Heide. Wir bleiben immer auf dem Asphaltweg gesäumt von mächtigen Buchen und Eichen und gelangen schließlich zum idyllisch gelegenen Waldcafé Meyers Hausstelle. Im Garten des ehemaligen Forsthofes lässt es sich herrlich im Grünen unterm Sonnenschirm pausieren. Wir radeln nach Gelbensande hinein und biegen am Lindenweg links ab zum Schlossweg. Er führt uns rechtshaltend zum Jagdschloss Gelbensande, zu einem der zehn bedeutendsten Schlösser in Mecklenburg-Vorpommern. Das Märchenschlösschen mit Erkern und Türmchen und ein traumhaft gelegenes Café lädt uns zum Verweilen ein.

Der Rückweg führt uns wieder in die Ortsmitte Gelbensande und auf gleichem Weg zurück zum Waldcafé Meyers Hausstelle. Gleich hinterm Café geht's links nach etwa 250 m an eine Wegekreuzung. Ein Waldweg, die Langehorstschneise zweigt rechts ab Richtung Graal-Müritz. Wir folgen der Schneise und gelangen zur Schutzhütte an der breiten Pöstenschneise. Hier wendet sich die Tour nach rechts und verläuft nun schnurgerade durch die Rostocker Heide. Eine große Kreuzung mit Schutzhütte ist unser nächster Halt für eine kurze Rast. Links geht's dem Wegweiser folgend auf der Scheidenschneise über die Bahnlinie an die Landesstraße. Hier queren wir die Straße und radeln auf dem Radweg links Richtung Graal-Müritz. Vor Torfbrücke leitet uns der Radweg links um das Dorf herum und wieder an die Landesstraße. Weiter geht's nach Graal-Müritz hinein zum Bahnhof Graal-Müritz. Nun bleibt nur noch ein erfrischendes Bad in den Ostseewellen am breiten Sandstrand.

Waldcafé Meyers Hausstelle

Wustrow
Saaler Bodden
Permin
Mecklenburger Bucht
Dierhagen Ost
Dierhagen Dorf
Neuhaus
Ribnitzer Großes Moor
Dändorf
Müritz
Hof Körkwitz
Ribnitzer See
Templer Bach
KÖRKs Strandarena
Bernsteinsee
Klockenhagen
Wallbach
10
Museumsrest Up dei Däl
Ribnitz-Damgarten
Klosterbach
B 105
Gelbensander Forst
Petersdorf
Gelbensande
Wallberg
Haubach
B 105
Walbach
Behnkenhagen
Bäk
Blankenhagen
Bartelshagen I
0 1,0 km

Tour 10

10 Seetour

Auf nach Dierhagen

Alles dreht sich um den honiggelben Bernstein

DAUER	2h 45min
LÄNGE	32,4 km
HÖHENMETER	203 hm
SCHWIERIGKEIT	LEICHT
MIT ÖPNV ERREICHBAR	ja

Das erwartet dich ...

Vom Ribnitzer Hafen begleitet uns eine frische Seebrise in die urwüchsigen Waldgebiete rund um das Große Moor. In Dierhagen warten schon der weiße Sandstrand und die rauschenden Ostseewellen, bevor wir am Saaler Bodden zurückradeln. Im ehemaligen Klarissenkloster in Ribnitz ist heute das berühmte Bernsteinmuseum untergebracht. Und weil sich auch sonst vieles um den edlen, honiggelben Stein dreht, vermarktet sich Ribnitz-Damgarten gern als Bernsteinstadt.

Seetour 10

Start & Ziel & Anreise

Start in Ribnitz-Damgarten im Ortsteil Ribitz am Bahnhof Ribnitz-Damgarten West. Mit dem Auto von Rostock auf der B 105 nach Ribnitz-Damgarten. Von der B 105 an der Sanitzer Straße links nach Ribnitz einfahren und am Kreisverkehr zum Bahnhof Ribnitz-Damgarten West abbiegen.
Mit der Bahn nach Rostock Hauptbahnhof fahren und dort umsteigen in den ICE/IC nach Ribnitz-Damgarten West.

Tourenbeschreibung

Vor dem Bahnhof satteln wir auf, radeln durch die Ulmenstraße und biegen an der Nizzestraße links zum Deutschen Bernsteinmuseum neben dem Kloster St. Klaren ab. Hier gibt's eine einzigartige Sammlung zur Natur- und Kulturgeschichte des Bernsteins zu sehen. Durch die Neue Klosterstraße geht's zum Bernsteinfischerbrunnen am Markt zu Füßen der wuchtigen Stadtkirche St. Marien. Geradeaus gelangen wir zum Hafen am Ribnitzer See, wo Segel- und Motorschiffe auf den Wellen tanzen. Verführerisch liegt der leckere Duft von frischem Räucherfisch in der Luft.

Die Beschilderung nach Dierhagen leitet uns dann am Hafen vorbei. Am Klosterbach radeln wir über eine Holzbrücke, danach rechtshaltend immer am Schilfsaum des Ribnitzer Sees entlang. Wir stoßen auf die Kreisstraße, queren die Brücke vom Körkwitzer Bach und tauchen sofort wieder rechts zum See ab. Um Körkwitz herum geht's an die Kläranlage. Am Beginn der Anlage zweigt links die

Straße Am Klärwerk ab und führt uns über die Kreisstraße an den Bernsteinsee. Bei KÖRKs Strandarena einen Aperitif genießen und den Könnern und Neulingen in der Wasserskiarena zuschauen.

Entlang der schattigen Eichenallee erreichen wir die Landstraße. Nach links geht's zum Abstecher in die Vergangenheit, ins Freilichtmuseum Klockenhagen. An der großen Kreuzung am Rande von Klockenhagen biegen wir rechts ab und radeln zum Freilichtmuseum am Altheider Weg. Beim Schlendern durch die liebevoll arrangierten historischen Häuser fühlt man sich in Omas Zeiten zurückversetzt. Mecklenburgische Küche vom Feinsten probieren wir im Museumsrestaurant Up dei Däl.

Schließlich geht's zurück zur Kreuzung an der Eichenallee und links nach Neuheide zum Infozentrum Wald und Moor mit einer kleinen Ausstellung zur Entstehung des Ribnitzer Großen Moores. Daneben in der Natur-Schatzkammer Edelstein und Bernsteinzentrum gibt's eine faszinierende Ausstellung über Bernstein und Edelsteine.

Wir steigen wieder aufs Rad, endlich Richtung Meer. Am Parkplatz beim Naturlehrpfad wenden wir uns nach rechts und radeln durch schattiges Grün. Mächtige Buchen, Eichen und Fichten säumen den Weg. An einer großen Kreuzung mitten im Forst stößt die Route auf den Fischländer Weg, auf dem sie nun nach rechts, an den Häusern von Moorkaten vorbei, nach Neuhaus verläuft. An der Kreisstraße nehmen wir den begleitenden Radweg nach Dierhagen-Strand und biegen dort links in die Ahornstraße ein. Schon bald stehen wir vor dem schneeweißen Ostseestrand. Einige Kioske führen Eis und Köstlichkeiten mit Fisch.

Das beruhigende Rauschen der Wellen im Ohr radeln wir auf der Ahornstraße zurück an die Kreisstraße und an ihr entlang nach Dierhagen-Dorf. An der großen Kreuzung geht's geradeaus in der Strandstraße, später heißt sie Hafenstraße, an den Boddenhafen. Kleine Fischerboote dümpeln im Hafenbecken. Auch hier gibt's leckeren, frisch geräucherten Fisch zu kaufen.

Nächster Stopp ist Dändorf. Von der Wallstraße am Hafen geht's rechts auf einem befestigten Weg am Schilfsaum entlang, bezaubernde Blicke auf den Saaler Bodden inklusive. Wischenkicker heißt die Straße die uns nach Dändorf hinein führt. An der Neue Reihe geht's kurz nach rechts und gleich nach links durch den Kauweg zur Dierhäger Straße. Gegenüber liegt das Geschichtshaus, in dem es eine Fotostrecke über das Wrack des hier gestrandet Dreimastschoners Janne zu sehen gibt. Links radeln wir zur Dorfstraße und aus Dänhagen hinaus zur Einmündung mit der Landesstraße. Wir radeln links zum Hof Kröckwitz und biegen dort auf den Radweg entlang der Kreisstraße ein. Vorbei geht's am Klärwerk nach Körkwitz und am Ribnitzer See entlang zurück nach Ribnitz. Hier lassen wir die Tour gemütlich im Hafenrestaurant ausklingen und uns die frische Meeresbrise um die Nase wehen.

Mecklenburger Bucht
Darßer Urwald
Born a. Darß
11
Werre-Polder
Schifferberg 14
Ahrenshoop
Café Wahlfischhaus
Räucherhaus
Bakelberg 18
Wustrow
Saaler Bodden
Permin
Neuendorf
Saal
Hessenburg
Dierhagen Ost
Dierhagen Strand
Dierhagen Dorf
Kückenshagen
Neuhaus
Dändorf
11
Ribnitzer Großes Moor
Müritz
Hof Körkwitz
Damgarten
Graal-Müritz
Graal
Bernsteinsee
Ribnitzer See
Klockenhagen
Ribnitz-Damgarten
Freudenberg
Daskow
Gelbensander Forst
B 105
Torfstichgelände bei Carlewitz
Petersdorf
Gelbensande
Jagdschloss Gelbensande
0 1,5 km

Architektour 11

Auf nach Born am Darß

Fischland – Steile Kliffküste an der Ostsee und Salzwiesen am Saaler Bodden

DAUER	2h 15min
LÄNGE	28 km
HÖHENMETER	244 hm
SCHWIERIGKEIT	LEICHT
MIT ÖPNV ERREICHBAR	ja

Das erwartet dich ...

Im Ribnitzer Großen Moor quaken zur Paarungszeit im März/April blaue Frösche. Dann geht's zum Fischland, auf die Landbrücke zwischen Ostsee und Saaler Bodden. Die historischen Kapitäns- und Fischerhäuser in Wustrow erinnern an die Aktivitäten der Fischländer. Ahrenshoop mit seinen reetgedeckten Häusern ist das Künstlerdorf unter den Seebädern der Halbinsel Fischland-Darß-Zingst. Der blaue Kunstkaten mit Reetdach im Fischlandstil ist das Wahrzeichen des Ortes. Und im Kunstmuseum Ahrenshoop zeigen Künstler der Region ihre Werke.

Architektour 11

Start & Ziel & Anreise

Start in Graal-Müritz an der Seebrücke in Graal-Müritz.
Mit dem Auto von Rostock auf der B 105 bis vor die BAB A 19. Dort links auf die L22 abbiegen und der L22 über Nienhagen nach Graal-Müritz folgen. Dort auf der L22 über den Bahnhof Graal-Müritz zur Seebrücke fahren.
Mit der Bahn nach Rostock Hauptbahnhof reisen. Dort umsteigen in die Regionalbahn, Linie RB 12 nach Graal-Müritz. Ab dem Bahnhof mit dem Rad entlang der Bahnhofstraße, Birkenallee und Zur Seepromenade zur Seebrücke am Strand radeln.

Tourenbeschreibung

Feinsandiger Strand und die Seebrücke zur linken Hand, die Rostocker Heide zur Rechten radeln wir am Seehotel Düne vorbei zum Ribnitzer Großen Moor. Das alte Hochmoor ist Lebensraum seltener Pflanzen und Tiere, wie dem Moorfrosch, der sich zur Paarung blau färbt. Auch der Kranich nennt das Hochmoor sein zu Hause.

Entlang des Campingplatzes in Neuhaus erreichen wir die Birkenallee. Wir wenden uns nach rechts und zweigen in den Hagebuttenweg ab. An der Querstraße geht's nach links in den Heckenweg, der dann in die Straße Zwischen den Kiefern übergeht. Unter Bäumen zweigt die Straße Farnweg rechts ab und führt uns zu einer Schutzhütte an der ein Radweg beginnt. Hier biegen wir nach links ein, queren die Zufahrt zum Strandhotel Fischland und erreichen den Ort Dierhagen Strand. Am Waldrand mit einigen Holzskulpturen stoßen wir auf die Waldstraße des Ostseebades. Sie führt uns zum Strandzugang Am Plateau.

Hier wenden wir uns nach rechts in die Straße Am Badesteig und gleich hinterm Haus nach links in die Straße Dünenweg. Sie führt durch die Feriensiedlung zum Fischweg, an dem wir schräg nach rechts weiterhin dem Dünenweg folgen. An seinem Ende zweigt der Ostsee-Radweg auf einen Grünstreifen rechts ab nach Dierhagen-Ost an den Strandübergang 9. Der Radweg ist weiterhin unser Begleiter, erst parallel zur Landesstraße, dann zum Strand hin wechselnd, an der Häuserreihe entlang ins Ostseebad Wustrow. Wustrow ist der erste Ort auf dem Fischland. Die traditionelle Trennungslinie zwischen Festland und Fischland ist hier die Bucht Pernim. Ein super Panorama von Fischland, Darß und Zingst bietet uns der Turm der Wustrower Kirche am Hafen in der Permin-Bucht. Von hier aus tuckern Ausflugsschiffe über den Bodden.

Der Ostsee-Radweg führt, abgesehen von einem Schlenker zur Landesstraße, nun geradeaus an die Seebrücke von Wustrow. Hier stoßen wir auf die Strandstraße und biegen links ein zur Seebrücke am Strand mit einigen Einkehrmöglichkeiten. Rechts zweigt die Straße Zur Glippe ab, der wir folgen und dann geradeaus auf einen Weg wechseln, wobei das Gelände nun „bergig" wird. Hier befand sich das Hohe Ufer des alten Fischlandkerns. Am Strandübergang 1 geht's noch geradeaus der Steilküste entlang und in einem Schlenker nach rechts um den Bunker Wustrow herum. Der Bunker aus DDR-Zeiten liegt bereits im Meer. Die Ostsee knabbert stetig an der Küste. Hier entfernt sich der Radweg von den steilen Kliffranddünen und wechselt auf die Boddenseite des Fischlands.

In Niehagen stoßen wir auf die Landesstraße und queren sie zur Straße Weg zum Kiel, der wir nach links zum Schilfsaum am Boddenufer folgen. Vor uns liegt bald der Hafen Althagen des Ostseebades Ahrenshoop. Dort erwartet uns das urig-maritime Restaurant Räucherhaus. Ein authentisches Restaurant mit vielen Gerichten von frischem, selbst gefangenem Fisch. Zeit für einen Abstecher? Das Kunstmuseum Ahrenshoop liegt nur wenige Meter entfernt. Den Hafenweg hoch zur Althäger Straße und rechts zum Museum. Hier stellen Künstler aus der Region ihre Werke aus.

Wieder zurück am Hafen radeln wir durch das Feuchtgebiet der Salzwiesen am Ufer des Saaler Bodden entlang, über den Damm zwischen dem Werre-Polder und dem Bodden, nach Born am Darß. Den Campingplatz Regenbogen umfahren wir und gelangen an die Straße Auf dem Branden. Auf ihr geht's nach rechts, dann geradeaus in der Südstraße zur Schulstraße. Sie führt uns zur Chausseestraße, die uns wiederum rechts zum Hafen am Koppelstrom bringt. Im Restaurant und Café Walfischhaus kehren wir dann wohlverdient ein.

Der Koppelstrom gehört zu den zahlreichen flachen, buchtartigen Küstengewässern die mit der Ostsee verbunden sind. Dazwischen erhebt sich die Halbinsel Fischland-Darß-Zingst. Dieses einzigartige Natur-Reich mit Windwatt, Heide, Moor und Wald gehört zum Lebensraum des Nationalparks Vorpommersche Boddenlandschaft.

Mecklenburger Bucht
Libbertsee
Leuchtturm u. Aussichtsplattform
Ottosee
Nartureum
Cafe Darßer Ort
Süder Bramhakensee
Stems
Prerow
FISCHLAND-DARSS-ZINGST
Müllergraben
Darßer Urwald
Wieck a. Darß
Bliesenrade
Koppelstrom
Nadelstrom
Born a. Darß
Werre-Polder
NSG
Ahrenshoop
Born a. Darß - Fuhlendorf - Prerow
Staben
Roland
Redensee
Michaelsdorf
Bakelberg 18
Niehagen
Wustrow
Saaler Bodden
Zingst - Bodstedt - Born - Ahrenshoop - Ribnitz-Damgarten
Born a. Darß - Althagen
Permin
Neuendorf Heide
0 1,0 km
12

Tour 12

12 Natour

Ahrenshoop – Prerow

Am Darß – Schneeweiße Strände, unberührte Wälder

DAUER	1h 45min
LÄNGE	21,7 km
HÖHENMETER	195 hm
SCHWIERIGKEIT	LEICHT
MIT ÖPNV ERREICHBAR	nein

Das erwartet dich ...

Der Darß, er bildet die Mitte der Halbinsel Fischland-Darß-Zingst im Nationalpark Vorpommersche Boddenlandschaft. Eine kilometerlange Steilküste am Weststrand und der Darßwald, mit bis zu 400 Jahre alten Baumriesen, charakterisieren ihn. An der Nordspitze des Darß ragt der Leuchtturm Darßer Ort in den Himmel mit fantastischer Sicht über die Ostsee und den Darßwald. Und in Prerow erwartet uns Karibischer Sand am Nordstrand und eine Strandpromenade mit kleinen reetgedeckten Lädchen und Cafés.

Start & Ziel & Anreise

Start in Ahrenshoop am Yachthafen Althagen.
Mit dem Auto von Rostock auf der B105 bis Altheide. Dort links auf die L21 abbiegen und über Wustrow nach Ahrenshoop zum Yachthafen Althagen fahren. Liegt rechts der L21.

Tourenbeschreibung

Die Küsten- und Waldtour vom Künstlerdorf Ahrenshoop durch den Darßwald im Nationalpark Vorpommersche Bodenlandschaft zum Leuchtturm Darßer Ort und in das Ostseebad Prerow zählt zu den schönsten Ergänzungen des Ostseeküsten-Radweges.

Vom Ahrenshooper Hafen am Saaler Bodden geht's ins Künstlerdorf. Also radeln wir den Hafenweg zur Althäger Straße hinauf und rechts zum Kunstmuseum Ahrenshoop. Hier finden wir eine Ausstellung regionaler Künstler. Gleich rechts führt uns dann der Bernhard-Seitz-Weg zur Mühle Ahrenshoop. Ein gemütliches Café wurde in der mit viel Herzblut restaurierten Windmühle eingerichtet. Hinauf radeln wir zur Dorfstraße und rechts bis zum Abzweig des Strandweges. Hier steht der Kunstkaten Ahrenshoop. Die blaue, reetgedeckte, im Fischlandstil erbaute Galerie zeigt traditionelle und zeitgenössische Kunst. Zurück zur Dorfstraße und links radeln wir zur Schifferkirche im Paetoweg. In der kleinen, modernen Kirche aus Holz sind vier Schiffsmodelle mit den Namen „Glaube", „Liebe", „Hoffnung" und „Frieden", vom Kapitän Heinrich Voß erbaut und gestiftet aus Dankbarkeit, zu sehen.

Bei der Kirche führt uns links der Schifferberg zum Parkplatz am Hotel Fischländer. Hier biegen wir links ein, queren die Dorfstraße und radeln auf dem Weg nach rechts nun entlang der Dorfstraße. Vorbei an der Reha-Klinik erreichen wir den Strandparkplatz. Es geht weiterhin geradeaus, die Landesstraße entfernt sich nach rechts, auf dem Grünstreifen im Darßwald. Am Strandübergang 5 biegen wir rechts ab und erreichen die Wegekreuzung mit dem M-Gestell. Links biegen wir ein, radeln erst schnurgerade durch den Wald und folgen dem Weg dann in einem Rechtsbogen zur Schutzhütte am K-Gestell. Auch hier geht's nach links und wie am Lineal gezogen führt das Gestell zum Abzweig nach Darßer Ort. Der Leuchtturmweg bringt uns zum Leuchtturm. 134 Stufen steigen wir hinauf, um in 33 Meter Höhe den Blick auf die Darßlandschaft und die Ostsee zu genießen, das ist der älteste heute noch betriebene Leuchtturm an der deutschen Ostseeküste. Im Natureum unterhalb des Leuchtturmes finden wir eine Ausstellung zur Küstenlandschaft und ein kleines Aquarium. Im Café beim Turm stärken wir uns für die letzten Kilometer.

Es geht zurück an den Abzweig und dort nach links Richtung Prerow. Wir stoßen auf den Weg, der von Prerow zum Nothafen Darßer Ort führt und biegen rechts ein. Vielleicht begegnet uns auch eine Kutsche, die ihre Fahrgäste von Prerow zum Leuchtturm fährt. Die erste Zeit geht's noch durch den Darßwald bevor wir den Campingplatz passieren und zum Parkplatz am Bernsteinweg gelangen. Hier biegen wir halblinks in den Johann-Niemann-Weg ein und radeln an seinem Ende geradeaus durch das Waldstück auf den Deich und zum Hauptübergang. Links führt er hinaus gesäumt von Restaurants und Kiosken an den Strand und zur Seebrücke Prerow. Rechts geht's in den Ort. Kurz hinterm Hauptzugang stoßen wir auf die Route des Ostsee-Radweges.

Autoren Tipp

Rund um Prerow: Mit dem Schiff, der Darßbahn oder mit der Pferdekutsche können wir die einzigartige Umgebung von Prerow entdecken. Vom Hafen am Ende des Prerow-Stroms fahren Fahrgastschiffe hinaus auf den Bodstedter Bodden. Ein besonderes Erlebnis sind die Kremserfahrten zum Leuchtturm Darßer Ort. Mit Pferdegetrappel gehts durch den märchenhaften Darßwald. Eine nostalgische Kleinbahn fährt vom Hafen durch Prerow zum Nothafen Darßer Ort. Von dort sind es noch 2,5 km schönster Wanderweg zum Leuchtturm.

Mecklenburger Bucht
Libbertsee
Leuchtturm u. Aussichtsplattform
Ottosee
Nartureum
Cafe Darßer Ort
Süder Bramhakensee
Prerow
Stems
Papensee
Ausflugsfahrten
Müllergraben
Darßer Urwald
Der See
13
Galerie Künstlerdeck
Wieck a. Darß
Darßer Ache
Born am Darß - Fuhlendorf - Prerow
Bliesenrade
Werre-Polder
Born a. Darß
Koppelstrom
Born a. Darß - Fuhlendorf - Prerow
Nadelstrom
Roland
Staben
Bodsted
Fuhlendorf
Redensee
Michaelsdorf
Saaler Bodden
0 1,0 km

Aussichtstour 13

Wieck am Darß – Prerow

Das 134-Stufen Panorama am Darßer Leuchtturm

DAUER	2h 15min
LÄNGE	27,7 km
HÖHENMETER	203 hm
SCHWIERIGKEIT	LEICHT
MIT ÖPNV ERREICHBAR	nein

Das erwartet dich ...

Im kleinen Boddendorf Wieck befindet sich die Darßer Arche, Mecklenburg-Vorpommerns modernstes Nationalparkzentrum. Unsere Radtour führt durch den Nationalpark Vorpommersche Boddenlandschaft, sodass wir uns mit einem Besuch der spannenden Ausstellung schon einmal auf die Radtour einstimmen. An der Nordspitze des Darß erreichen wir den Leuchtturm Darßer Ort mit fantastischer Sicht über die Ostsee und den Darßwald. Und in Prerow erwartet uns ein feiner weißer Sandstrand und eine Strandpromenade mit kleinen reetgedeckten Lädchen und Cafés.

Start & Ziel & Anreise

Start in Wieck am Darß bei der Darßer Arche dem Nationalpark- u. Gästezentrum im Bliesenrader Weg.
Mit dem Auto von Rostock auf der B 105 bis Altheide. Dort links auf die L21 abbiegen und über Ahrenshoop nach Wieck am Darß fahren. Im Ort von der L21 rechts in die Hauptstraße abbiegen und am Bliesenrader Weg rechts zum Nationalpark-Zentrum.

Tourenbeschreibung

Wir schwingen uns vor dem architektonisch eindrucksvollen Gebäude der Darßer Arche aufs Rad und radeln zur Hauptstraße. 20 m nach links und gleich rechts biegt die Route in die Straße Nordseite ein. Wir queren die Umgehungsstraße und erreichen das Ende der Straße Nordseite. Hier geht's rechts in den Darßwald. Ein Hinweisschild begrüßt uns hier auf dem Gebiet des Nationalparks Vorpommersche Boddenlandschaft.

Das dämmrige Grün des Darßer Urwaldes hüllt uns ein, während wir der Beschilderung Weststrand und Peterskreuz folgen. Die große Kreuzung Peterskreuz ist bald erreicht. An der Kreuzung schwenkt die Route halblinks in den Küsterweg ein. Der breite, befestigte Weg führt weiter durch den urwüchsigen Wald, dessen Boden oft mannshoch mit Adlerfarn bedeckt ist. An einer beschilderten Kreuzung nach 1,5 km biegt die Tour rechts Richtung Leuchtturm in den Bibersteig ein. Bald erreichen wir an einer Schutzhütte den Großen Stern, den zentrale Punkt im Wald an dem sich viele Wege kreuzen. Wir orientieren uns nach rechts und radeln auf dem K-Gestell schnurgerade durch den Darßwald. Unterwegs kommen wir am Grab des Forstmeisters Ferdinand von Raesfeld vorbei. Sumpfige Wälder mit dunklen Wasserlachen zwischen knorrigen Baumwurzeln beeindrucken am Wegesrand. Wir orientieren uns stets Richtung Leuchtturm und biegen auf den asphaltierten Leuchtturmweg links ein. Gleich stehen wir am Fuß des hoch aufragenden Leuchtfeuers und legen den Kopf in den Nacken. Auf 35 m Höhe kommt das 1848 errichtete Bauwerk. Auf keinen Fall sollten wir den unvergesslichen Ausblick von oben versäumen, dieser ist jede einzelne der 134 Stufen wert. Im Natureum, im alten Wärterhaus, informiert uns eine Ausstellung über Flora und Fauna sowie über die Küstendynamik am Darß. In einem kleinen Aquarium schauen wir uns heimische Tiere der Ostsee an. Auch ein gemütliches Café lädt hier zum Verweilen ein.

Wieder auf dem Rad geht's auf dem Leuchtturmweg zurück an den Abzweig. Hier folgen wir der Beschilderung nach Prerow links. Am Querweg geht's links zum Nothafen Darßer Ort, wir aber radeln rechts noch durch den Wald Richtung Prerow. Unser Weg wird zur Straße und führt uns zum Parkplatz am Bernsteinweg. Hinter der Kurve biegen wir links in die Villenstraße ein und folgen an ihrem Ende dem Radweg nach rechts auf den Deich zum Hauptübergang. Links geht's zur Seebrücke und zum Strand. Neben einem erfrischenden Bad in der Ostsee lockt hier auch ein leckeres Eis in einem der Strandcafés.

Zurück am Deichweg folgen wir diesem weiter und biegen rechts zum Hafen und Richtung Wieck ein. Wir queren die Landesstraße und wenden uns gleich hinterm Parkplatz nach rechts zu den weiten Wiesen hinaus. Oft weidet eine Wasserbüffelherde am Wegesrand und mehrere Vogelbeobachtungstürme locken mit ihrem reizvollen Panorama. Unter dem weiten Himmel führt uns die Radwegbeschilderung schließlich zurück nach Wieck. Hier radeln wir auf der Straße Müggenberg zum Parkplatz an der Darßer Arche, dem Nationalparkzentrum.

Autoren Tipp

Willkommen in der Wildnis am Meer: In der Darßer Arche in Wieck am Darß führt uns eine Ausstellung durch den „Nationalpark von oben – Natur, die bewegt". Wildes Tosen und den Klang der Stille vereint der größte Nationalpark an Deutschlands Ostseeküste. Einzigartige Lagunen der Ostsee, die Bodden, und eine Küste in ständiger Bewegung charakterisieren ihn. Nebenan gibt's die Galerie Künstlerdeck mit Ausstellungen bekannter und weniger bekannter Maler, Fotografen, Bildhauer und Holzgestalter.

14

Prerow
Sterns
Papensee
Ausflugsfahrten
Zingst
Bek
Der See
Darßer Urwald
Wieck a. Darß
Fitt
Prerow
Born am Darß - Fuhlendorf
Bereswitz
Born a. Darß
Bliesenrade
14
Koppelstrom
Nadelstrom
Roland
Staben
Pruchten
Tannenheim
Windjammer Museum
14
Redensee
Fuhlendorf
Michaelsdorf
Barth
Neuendorf Heide
Planebek
Hermannshagen Heide
Planebek
Planebek
Beughorst
Gäthkenhagen
Ken
Frauendorf
Hermannshof
Kronsberg
0
1,0 km

Born am Darß – Barth

Bodden – Die Lagunen der Vorpommerschen Ostseeküste

DAUER	3h
LÄNGE	35,6 km
HÖHENMETER	175 hm
SCHWIERIGKEIT	LEICHT
MIT ÖPNV ERREICHBAR	nein

Das erwartet dich ...

Am Rande des Darßer Urwalds, mit mächtigen Bäumen, geht's zum Nationalparkzentrum Vorpommersche Boddenlandschaft, der Darßer Arche, in Wieck am Darß. Im Ostseebad Prerow baden wir am wohl schönsten Strand der Halbinsel Fischland-Darß-Zingst, bevor es zum Ostseeheilbad Zingst geht. In der Tauchgondel an der Seebrücke erleben wir die Unterwasserwelt der Ostsee. Über die Meinigenbrücke erreichen wir die Vinetastadt Barth. Die sagenumwobene Stadt Vineta, das Atlantis des Nordens, soll hier in den Sturmfluten der Ostsee versunken sein.

Natour 14

Start & Ziel & Anreise

Start in Born am Darß am Hafen an der Chausseestraße.
Mit dem Auto von Rostock auf der B 105 bis Altheide. Dort links auf die L 21 abbiegen und über Ahrenshoop nach Born am Darß fahren. Vor Born von der L 21 rechts in die Nordstraße abbiegen und im Ort der Chausseestraße zum Hafen folgen.

Tourenbeschreibung

Noch ein Blick vom Hafen des Reetdach-Dorfes Born auf den Koppelstrom und wir schwingen uns aufs Rad. Auf der Chausseestraße geht's zum Forst- und Jagdmuseum Ferdinand von Raesfeld, einst Oberförster im Darßwald. Am Ortsrand zweigt dann rechts der Bliesenrader Weg ab, der uns unter einer schönen Allee in den Wald führt. Wir stoßen auf das Sträßchen nach Bliesenrade, folgen ihm und biegen an der Schutzhütte links auf den Weg zum Ufer des Bodstedter Bodden ab. Der Uferweg bringt uns nach Wieck am Darß. Dort führt die Straße Hossbrink hinauf zur Straße Müggenberg. Radwegeschilder zeigen zum Nationalparkzentrum Darßer Arche mit einer Ausstellung zum Nationalpark.

Auf Müggenberg geht's geradeaus. Die Straße heißt später Bauernreihe, dann Jagdhaus, und führt über das Schwinkels Moor zu einer Aussichtplattform. Ein schöner Beobachtungspunkt ins Reich der Vögel. Am Wegeknick gibt's nochmal einen Aussichtspunkt. Dann geht's schnurgerade ins Ostseebad Prerow. Wir erreichen Prerow am Hafen und queren dort die Landesstraße. Der Ostsee-Radweg führt neben dem Sträßchen Am Deich zum Radweg auf den Deich am Prerower Strom. Links geht's zur Seebrücke und zum superfeinen Sandstrand. Den dörflichen Reiz des alten Hafenorts machen die Fischer- und Seemannshäuser mit teilweise reetgedeckten Krüppelwalmdächern aus. Schön anzuschauen sind die geschnitzten Haustüren, bunt bemalt mit typisch Darßer Motiven.

Rechts radeln wir weiter auf der Deichkrone, erkennen rechter Hand die Seemannskirche, die diente einst der nautischen Orientierung, und erreichen endlich die Ostsee. Am Aussichtpunkt Hohe Düne schweift der Blick über die See und nach Zingst.

Neben der Straße am Deich geht's ins Ostseeheilbad Zingst. Beim Campingplatz am Freesenbruch können wir einen Abstecher zur Tauchglocke an der Seebrücke machen, um einen einmaligen Tauchgang in der Ostsee zu erleben. Dazu geht's weiter geradeaus direkt auf die Seebrücke zu.

Wer darauf verzichtet, quert die Kreisstraße und folgt dem Weg um den Campingplatz herum. Auf der Deichkrone radeln wir durch den Freesenbruch und am Abzweig zur Feriensiedlung vorbei zur nächsten Wegekreuzung. Hier wenden wir uns nach rechts, wo sich Kreis- und Landesstraße treffen. Von hier führt der Radweg auf der ehemaligen Darßbahn-Trasse zur Meiningenbrücke aufs Festland. Die alte Drehbrücke der Darßbahn wurde festgemacht. Am Festland biegen wir rechts auf den Radweg neben der Bahntrasse ein und fahren an Bresewitz und Pruchten vorbei an die Landesstraße in Tannenheim. Hier queren wir die Straße, wenden uns nach links und radeln über die Brücke der Barthe, erst entlang der Landesstraße dann der Kreisstraße, in die Altstadt von Barth. Von der Barthestraße biegen wir links in die Straße Eichgraben ein und radeln am Windjammermuseum an der Hafenstraße vorbei zum Hafen. Hier ragt die Vineta-Säule in den blauen Himmel.

Autoren Tipp

Entspannung und maritime Kunst: Platznehmen in der Douzette-Stube des Cafés im Windjammer-Museum. Mitte des 19. Jahrhunderts brachte der Maler Louis-Douzette Stadt und Region ausdrucksstark auf die Leinwand. In dieser Zeit entstanden auch die gemalten Schiffsporträts. Das Museum zeigt auf zwei Etagen, einen großen Teil der umfangreichen Bestände der privaten Sammlung Reeckmann, einer der größten und bedeutendsten Sammlungen dieser Art, derzeit mehr als 500 Exponate.

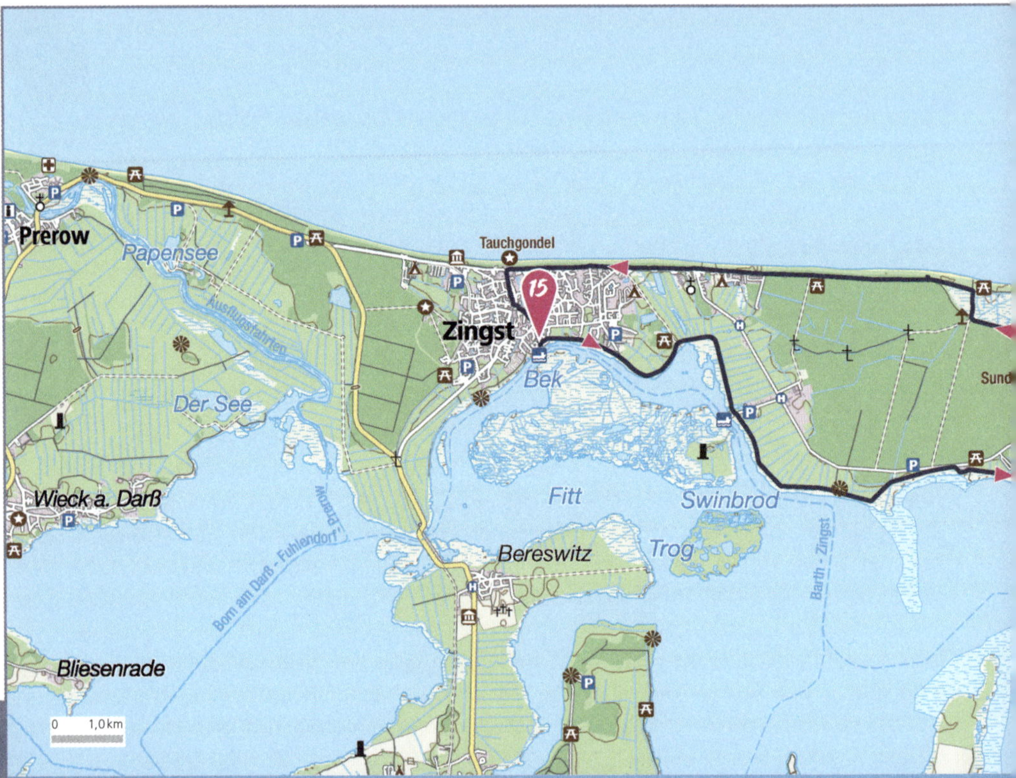
Prerow
Papensee
Tauchgondel
15
Zingst
Bek
Der See
Wieck a. Darß
Fitt
Swinbrod
Trog
Bereswitz
Bom am Darß - Fuhlendorf
Barth - Zingst
Bliesenrade
0 1,0km

15

Zingst – Pramort

Im Herzen der Halbinsel Fischland-Darß-Zingst

DAUER	3h
LÄNGE	36,7 km
HÖHENMETER	124 hm
SCHWIERIGKEIT	LEICHT
MIT ÖPNV ERREICHBAR	nein

Das erwartet dich ...

Schnell bleibt der Zingster Boddenhafen zurück, wenn unsere Pneus über den Deichweg bis zum Fähranleger Müggenburg surren. Was für ein Blick hier auf die Vogelinsel Kirr! Aussichtsreich geht es durch die Sundischen Wiesen im Herzen des Nationalparks weiter bis zum Pramort, der östlichsten Spitze der Halbinsel Fischland-Darß-Zingst, wo zur Herbstzeit die Kraniche rasten. In der Tauchgondel an der Seebrücke im Ostseeheilbad Zingst tauchen wir ein in die Unterwasserwelt der Ostsee.

Natour 15

Start & Ziel & Anreise

Start im Ostseeheilbad Zingst am Parkplatz Hafenstraße beim Boddenhafen. Mit dem Auto von Rostock oder Stralsund auf der B105 bis Löbnitz. Dort auf die L23 nach Barth. Auf die L21 einbiegen und über Pruchten Richtung Zingst fahren. Hinter Meiningenbrücke rechts auf die K25 nach Zingst fahren. Am Kreisverkehr in die Jordanstraße abbiegen und rechts zum Boddenhafen.

Tourenbeschreibung

Am Boddenhafen von Zingst legen die Ausflugsschiffe durch den Barther und den Saaler Bodden ab. Wir schwingen uns jedoch in den Sattel und radeln auf dem Deichweg in Richtung Pramort. Unser Blick schweift über den Zingster Strom zur Vogelschutzinsel Große Kirr. An der Wegeverzweigung beim Fotorahmen, einem Kunstprojekt, wenden wir uns nach rechts und folgen dem Deichweg nach Müggenburg. Hier führt eine Viehfähre über den schmalen Zingster Strom zur Insel Kirr. Die Fähre dient vor allem dem Transport der Rinder des Gutes Darß, die sommerliche Beweidung auf der Großen Kirr übernehmen. Lämmer, Wasserbüffel und Burenziegen gehören zum Gutshof, ebenso wie die Pferde des hofeigenen Gestüts.

Hinüber dürfen wir nicht, also radeln wir weiterhin am Deich zum Parkplatz Wieker Weg, umfahren anschließend einige Häuser der Ablage, bevor wir nach einer Linkskurve zum Imbiss von Fred Korn gelangen. Getränke, meist alkoholisch aber nicht nur, werden hier in einer unglaublich chilligen Atmosphäre serviert. Auf dem schmalen Weg am Deich geht's über Weiden und Wiesen. Linker Hand sehen wir bald das Café mit Biergarten Sundische Wiese. Wir stoßen auf ein Sträßchen am Deich, bei dem es links zum Café geht und machen Rast, oder queren es und wenden uns gleich nach rechts Richtung Pramort.

Wir radeln nun durch das Herzstück des Nationalparks Vorpommersche Boddenlandschaft, die Sundischen Wiesen. Der Name bezeichnet die Stralsundischen Wiesen, nach der Stadt Stralsund, dem ehemaligen Besitzer der Flächen. Auf abgestorbenen Bäumen trocknen Kormorane ihre Gefieder. Mit Glück sind über unseren Köpfen kreisende Seeadler zu entdecken. Weiterhin geht's am Küstenschutzwald entlang, dann auf einem Asphaltsträßchen zu den Vogelbeobachtungshütten von Pramort. Insbesondere im Herbst, zur Zeit der rastenden Kraniche, ist ein Aufenthalt hier ein unvergessliches Erlebnis. Dann übernachten vor der Küste tausende der Großvögel in den flachen Gewässern.

Auf gleichem Weg radeln wir zurück bis an das Café Sundische Wiese. Die wunderbar idyllische Lage ist der perfekte Rahmen für eine längere Rast – Zeit, die Beine auszustrecken und einen duftenden Kaffee zu genießen. Richtung Zingst radeln wir erstmal auf einem Betonweg am Osterwald entlang und biegen dann rechts zum Strand und Dreiländer Eck ab. Die Tour führt nun nach links auf einem Grünstreifen zwischen Osterwald und Küstenschutzwald ins Ostseeheilbad Zingst. Linker Hand tauchen die Häuser von Zingst auf, die uns an die Seebrücke begleiten. Unterhalb erstreckt sich der Strand. Am Kurhaus stellen wir mal das Rad ab und gehen zum Ende der 270 m langen Seebrücke zur Tauchgondel. Ein Highlight des ohnehin wunderschönen Ostseeheilbades Zingst. Während des Tauchganges wird im 3D-Kino die Unterwasserwelt der Ostsee gezeigt. Durch die Fußgängerzone der Klosterstraße geht's zur Hafenstraße und geradewegs zurück an den Boddenhafen.

Autoren Tipp

Mississippi-Feeling im Barther Bodden: Mit dem Mississippi-Schaufelraddampfer River Star entdecken wir die spektakuläre Inselwelt des Barther Boddens. Wir fahren vom Boddenhafen durch den Zingster Strom zur Meiningenbrücke. An der Brücke wird gedreht Richtung Vogelschutzinseln Kirr und Oie, durch den Lebensraum von Robben, Seeadlern, Kranichen und vielen anderen Wasservögeln. Letztendlich geht's an der Sundischen Wiese vorbei bis zur Einfahrt des Barther Boddens. Dort tritt der Dampfer die Heimreise an.

16

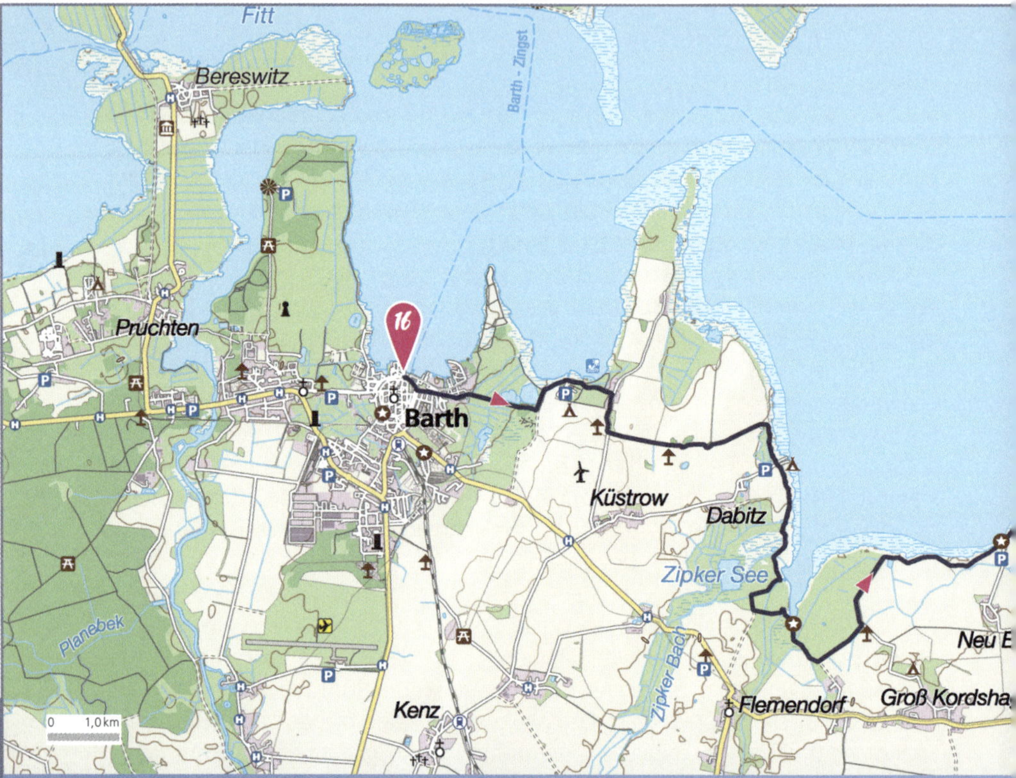
Fitt
Bereswitz
Barth - Zingst
Pruchten
16
Barth
Küstrow
Dabitz
Zipker See
Planebek
Zipker Bach
Kenz
Flemendorf
0
1,0 km

Barth – Klausdorf

Den Kranichen entgegen

DAUER	2h 30min
LÄNGE	29,7 km
HÖHENMETER	203 hm
SCHWIERIGKEIT	LEICHT
MIT ÖPNV ERREICHBAR	ja

Das erwartet dich ...

Aus der Vineta-Stadt Barth, mit dem eindrucksvollen Vineta-Museum zum Mythos der berühmten Handelsstadt, radeln wir entlang der lagunenartigen Boddenlandschaft über weite Wiesen und Felder zu den Rastplätzen der Kraniche. Zehntausende dieser grauen Vögel rasten im Frühjahr und im Herbst an der Boddenküste zwischen dem Darß und dem Barhöfter Kliff. Der Ostsee-Radweg führt uns über Nisdorf, Kinnbackenhagen, Groß Mohrdorf, Klausdorf und Barhöft zu diesem eindrucksvollen Naturspektakel.

Natour 16

Start & Ziel & Anreise

Start in Barth am Stadthafen am Barther Bodden.
Mit dem Auto von Rostock oder Stralsund auf der B 105 bis Löbnitz. Dort auf die L23 nach Barth einbiegen und über Lange Straße und Reifergang zum Stadthafen fahren. Parken am Hafen. Mit der Bahn von Rostock oder Stralsund nach Velgast reisen. Dort umsteigen in die RB 25 zum Bahnhof Barth.
Vom Bahnhof mit dem Rad die L21 queren und durch die Lang Straße am Markt entlang zum Stadthafen.

Tourenbeschreibung

Am Platz vor dem Stadthafen steht die Vineta-Säule. Sie erinnert an die sagenumwobene Stadt Vineta, die in den Sturmfluten der Ostsee versank.

Wir werden sie wohl nicht finden, aber den Weg durch die Hafenstraße zur Straße Trebin, die links am Sowjetischen Ehrenmal abzweigt. Wir folgen ihr aus Barth hinaus zur Motocross-Strecke am Kaninchenberg. Am Querweg geht's links ab zum Wassersportzentrum Barth und weiter nach Glöwitz. Dort wenden wir uns nach rechts und kommen auf dem schmalen Sträßchen an einen Abzweig mit Rastplatz. Wir biegen links ein und „erklimmen" den 20 m hohen Uetzberg. Abwärts an das Ufer läufts von selber und dort um die Rechtskurve an den kleinen Dabitzer Hafen. Den Ort Dabitz lassen wir rechts liegen und folgen dem Uferweg über die Brücke am Zipker Bach, jetzt auf schmalem Weg, zum Sportboothafen Flemendorf. Hier geht's auf dem Sträßchen erst nach rechts und nach der Linkskurve links an das Boddenufer zurück. Weiter geht's im spitzen Winkel nach rechts zur Vogelbeobachtungsplattform. Der Ostsee-Radweg führt nun landeinwärts, biegt vor dem Arbshagen Hof links ab und stößt auf ein Quersträßchen. Wir biegen links ein und erreichen erneut das Boddenufer. Jetzt geht's auf dem Deich entlang zu einem schönen Rastplatz am Hafen Zülendorf und geradeaus zum Wäldchen am Teufelsberg. Hinterm Schöpfwerk verlassen wir den Deich und folgen dem Sträßchen nach Nisdorf. An der Grabowstraße halten wir uns links, kommen zum Hafen und radeln durch die Kurve zum denkmalgeschützten Hotel Gut Nisdorf.

Von hier führt die Straße Am Deich am Ortsrand links zum Deich und am Wanderparkplatz nach rechts, entlang des Waldes Großes Holz, nach Kinnbackenhagen. Der Ort kennt keinerlei automobilen Durchgangsverkehr, nur wenn tausende Kraniche im Herbst und Frühjahr auf den Feldern rasten, erwacht der Ort mit Leben. Landeinwärts geht's über Bisdorf nach Hohendorf. Das Schloss, von Friedrich Schinkel erbaut, wurde restauriert, ist aber Wohneigentum.

Weiter geht es letztendlich nach Klausdorf. Mitten im Dorf befindet sich das museale Vorpommernhus. Gegenüber summt es im Gutspark. Hier stehen alte, edle Baum- und Strauchobstsorten als Spalierobst. Im Mauerspalier duften Aprikosen, Nektarinen und Pfirsich um die Wette. Ein Abstecher nach Barhöft zum Nationalpark-Informationszentrum am Barhöfter Kliff lohnt sich.

Hafenplatz und Stadtpanorama in Barth

17

Schutzzone I
Barhöfter Rinne
17
Klausdorf
Hohlendorf
Schloss Hohendorf
NABU Kranichzentrum
Groß Mohrdorf
Prohner Wiek
Prohner Stausee
Prohn
Günz
Kranorama
Günzer See
Altenpleen
Prohner Bach
Neuenpleen
Schmedshagen
Kramerhof
Bootshafen
Parow
Preetz
Buschenhagen
Duvendiek
Herrenhaus Groß Kedingshagen
Lassentin
Prohner Bach
Krönnevitz
Schwedenschanze
Zansebuhr
Stralsund
0 1,0 km
Niepars
Klein Kordshagen

17 Natour

Klausdorf – Groß Mohrdorf

Tanz der Kraniche – Hier kommen Ornithologen voll und ganz auf ihre Kosten

DAUER	1h 45min
LÄNGE	20,6 km
HÖHENMETER	159 hm
SCHWIERIGKEIT	LEICHT
MIT ÖPNV ERREICHBAR	nein

Das erwartet dich ...

Oberhalb des 100-Seelen-Hafenortes Barhöft am Barhöfter Kliff liegt das Nationalparkhaus des Nationalparks Vorpommersche Boddenlandschaft, das Haus am Kliff. Die Ausstellung beschäftigt sich mit der Boddenlandschaft und den Kranichen. Landeinwärts in Groß Mohrdorf gewährt uns das NABU-Kranich Informationszentrum fantastische Einblicke ins Leben der grauen Großvögel, über den Vogelzug im Herbst und den Tänzen der Kraniche zur Paarungszeit im Frühjahr. Hier gibt's Infos zu den besten Beobachtungsplätzen.

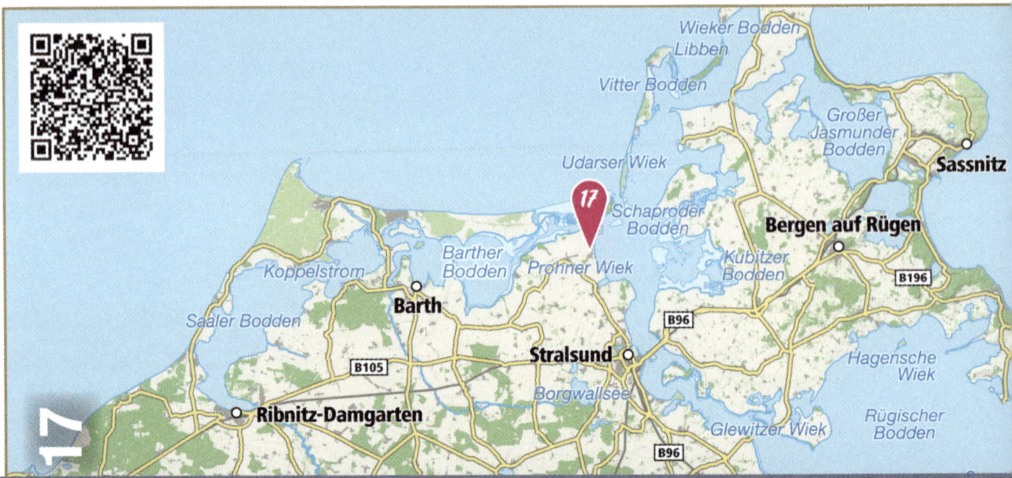

Natour 17

Start & Ziel & Anreise

Start in Klausdorf am Vorpommernhus, gegenüber dem Gutspark Klausdorf. Parken an der Prohner Straße.
Mit dem Auto von Stralsund auf der L213 Richtung Groß Mohrdorf. Hinter Prohn rechts auf die K10 nach Klausdorf abbiegen und am Gutspark Klausdorf neben der Prohner Straße parken.

Tourenbeschreibung

Vom Vorpommernhus an der Prohner Straße, hier befindet sich auch die Touristinfo von Klausdorf, geht's erstmal durchs Dorf. Gleich rechts am Ende vom Strandweg liegt der erfrischende Gutspark Klausdorf. Alte und edle Baum- und Strauchobstsorten werden als Spalierobst gezogen. Im Mauerspalier finden sich neben Aprikosen, Nektarinen und Pfirsichen auch Weine zum Verzehr.

Auf der Kreisstraße radeln wir an den Hafen von Barhöft. Hier hat der Seenotrettungskreuzer Theo Fischer seine Heimat. Im gesamten Ort Barhöft sind interessante und einzigartige Skulpturen unter dem Thema „Kliffkunst" zu finden. Links im Wald am Kliff liegt das Nationalparkhaus mit einer Ausstellung zum Thema Boddenlandschaft und Kraniche. Vom Aussichtsturm nebenan lässt sich der Nationalpark perfekt von oben genießen, mit Blick auf Bodden, Inseln und Windwatt.

Der schmale unbefestigte Bockweg führt uns durch den Wald am Kliff entlang zu einem Parkplatz. Eine Stele weist den Weg zum 200 m entfernten Utkiek zur Insel Bock. Wir radeln auf der Asphaltstraße landeinwärts und biegen am Abzweig nach Wendisch Langendorf rechts ein. Der Boddenweg, so heißt der Weg, führt uns im Linksbogen nahe am Dorf entlang nach Hohendorf. Hier stoßen wir auf die Kreisstraße. Links im großen Park mit Eichen und Buchen steht das imposante Schloss Hohendorf. Es ist toll restauriert, aber nicht zu besichtigen.

Entlang der Kreisstraße radeln wir nach Groß Mohrdorf zum NABU-Kranichzentrum. In der ganzjährig geöffneten Dauerausstellung erfahren wir alles über den Graukranich und seine Verwandten. Hier gibt's auch Infos zu den besten Beobachtungsplätzen und zum Zuggeschehen der Kraniche. Vor allem im Herbst rasten bis zu 70 000 Kraniche gleichzeitig an der Darß-Zingster-Boddenkette.

Südlich, in der Nähe von Günz am Günzer See, liegt das KRANORAMA, von wo aus wir im Frühjahr den Tanz der grauen Kraniche beobachten können.

Weiter radeln wir Richtung Dorfkirche und biegen am Wiesenweg links ein. Über einen Plattenweg geht's auf die Felder hinaus. An der Wegeverzweigung wenden wir uns nach links und erreichen die Landesstraße. Wir queren die Straße und radeln auf dem Radweg nach rechts bis zum Abzweig nach Klausdorf. Unter einer schattigen Allee geht's nach Klausdorf zurück zum Vorpommernhus mitten im Dorf.

Nationalparklandschaft Vorpommersche Boddenlandschaft

18

Barhöfter Rinne
Schutzzone I
18
Klausdorf
Prohner Wiek
Kubitzer Bodden
Prohner Stausee
Prohn
Stralsund - Hiddensee
Bootshafen
Kramerhof
Schmedshagen
Parow
18
Rambin
B 96
Herrenhaus Groß Kedingshagen
Schwedenschanze
B 96
Altefähr
Moorteich
Stralsund
Wamper Wiek
B 96
Hafentour Dänholm
Gustow
Langendorf
B 105
Gustower Wiek
Lüssow
Halbinsel Devin
Voigdehäger Teich
Schalksberg 23
Borgwallsee
0 1,0 km
B 194
Neu Lüdershagen
B 96
Negast
NSG

Tour 18

Architektour 18

Klausdorf – Rambin

Die Schöne am Strelasund – Zur Welterbestadt Stralsund

DAUER	2h 30min
LÄNGE	30,5 km
HÖHENMETER	207 hm
SCHWIERIGKEIT	LEICHT
MIT ÖPNV ERREICHBAR	nein

Das erwartet dich ...

Die Hansestadt Stralsund am Strelasund. Weil die Altstadt „idealtypisch“ eine „entwickelte Hansestadt während der Blütezeit des Städtebundes im 14. Jahrhundert“ darstellt, gehört sie zu den Welterbestätten der UNESCO. Der beste Blick auf die Silhouette der Altstadt bietet sich vom Strelasund aus. Über den Strelasund auf die Insel Rügen führt uns der Rügendamm. Neben den alten Straßen- und Eisenbahnbrücken führt die Rügenbrücke, eine imposante Hochbrücke, direkt von Stralsund auf die Insel nach Altefähr. Sie ist dem KFZ-Verkehr vorbehalten.

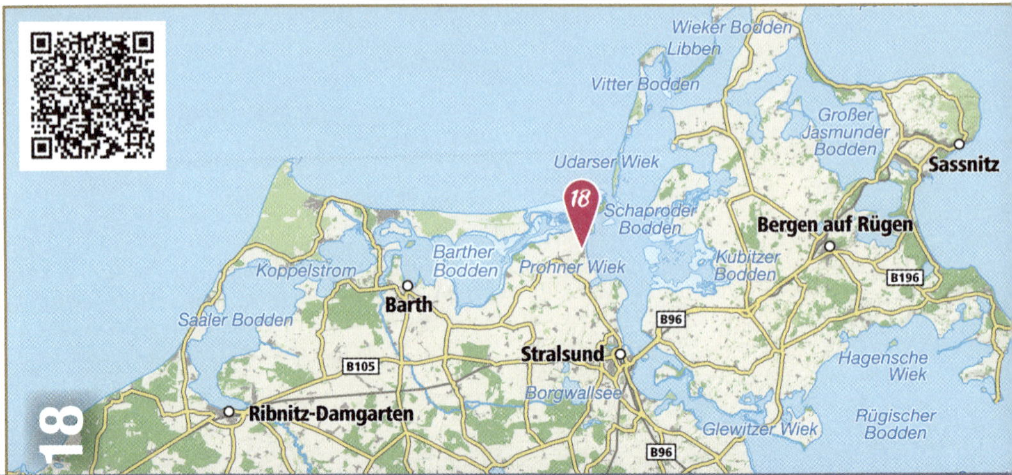

Start & Ziel & Anreise

Start in Klausdorf am Vorpommernhus, gegenüber dem Gutspark Klausdorf. Parken an der Prohner Straße.
Mit dem Auto von Stralsund auf der L213 Richtung Groß Mohrdorf. Hinter Prohn rechts auf die K10 nach Klausdorf abbiegen und am Gutspark Klausdorf neben der Prohner Straße parken.

Tourenbeschreibung

Es geht der Hansestadt Stralsund entgegen.

Der Prohner Landweg bringt uns vom Vorpommernhus in Klausdorf zum Damm der Prohner Wiek. An der Aussichtsplattform führt der Ostseeküsten-Radweg auf schmalem Weg geradeaus zum Prohner Stausee. Über den Damm zwischen See und Wiek geht's über Klein Damitz nach Groß Damitz. Wir radeln durchs Dorf, dann durch eine Linkskurve an die Kreisstraße. Wir wenden uns nach links und biegen am Wiesenweg rechts nach Parow ab.

An der Dorfstraße halten wir uns rechts und sehen rechter Hand das malerische, schlossähnliche Gutshaus Parow. Wir biegen links zum Yachthafen ab. Von der Mole blicken wir bis zur Rügenbrücke von Stralsund. Am Hafen geht's rechts auf dem Uferweg zur Hansestadt. Während wir linker Hand dem Strelasund zum Strand an der Sundpromenade folgen, passieren wir rechter Hand das Hansekinikum und erreichen schließlich die Altstadt Stralsund am Hafen. Links erkennen wir bereits das schwimmende Museum, die getakelte Gorch Fock I. Wir radeln am Fährkanal entlang und sehen gegenüber das Ozeaneum mit Aquarien und Ausstellungen zu den Weltmeeren. An der Semlower Straße machen wir einen kurzen Abstecher nach rechts zur Nikolaikirche am Alten Markt in der Altstadt. Links geht's auf die Hafeninsel zur Gorch Fock I. Hier liegen nun Restaurant an Restaurant. Zeit für eine Pause. An der Langenstraße wechseln wir die Uferseite und radeln am Parkhaus Ozeaneum entlang zum Bahnübergang. Wir queren ihn zur Straße An der Hafenbahn und radeln zur Kreuzung mit der Landesstraße.

Links geht's nun entlang der Landesstraße über den Strelasund. Zunächst auf die Insel Dänholm und weiter nach Rügen. Vor dem Bahnhof Altefähr auf Rügen biegen wir links ab, unterfahren die B96 und stoßen rechts auf die Straße Am Bahnhof.

Wir radeln nach Altefähr hinein, direkt auf die Kirche St. Nikolai am Hafen zu. Von hier blicken wir auf die Turmsilhouette von Stralsund. Hier pendelt das Fährschiff Altefähr von Mai bis September nach Stralsund. Nun zurück und an der Kirche vorbei in den Barnkevitzer Weg einbiegen. Am Feldrand geht's nach links bis zum Küstenwald am Strelasund. Rechts radeln wir der Küste entlang, bis der Weg landeinwärts Bessin erreicht. Das Dorf lassen wir rechts liegen und wenden uns am Querweg links nach Breesen. Auf der Breesener Straße fahren wir nach Rambin hinein zur Backsteinkirche St. Johannes.

Rügendamm-Panorama

19
Schloss Libnitz
Gästehaus Fähr-Eck
Trent
Neuendorfer Wiek
Schaprode
Fuchsberg 3
Schutzzone II
Udarser Wiek
Koselower See
Waase
Hotel Nordstern
Gingst
hist. Handwerkstuben
Duwenbeek
Gutshaus Boldevitz
Lanzengraben
Schutzzone I
Dreschvitz
Kubitzer Bodden
Sehrower Bach
B 96
0 1,0 km
19
Rambin
Samtens
B 96

Tour 19

19

Natour

Von Rambin nach Trent

Endlich Rügen – Entlang des Kubitzer Bodden

DAUER	2h 30min
LÄNGE	29 km
HÖHENMETER	146 hm
SCHWIERIGKEIT	LEICHT
MIT ÖPNV ERREICHBAR	ja

Das erwartet dich ...

Zwei Nationalparke müssen es schon sein, um die einzigartige Naturschönheit Rügens zu bewahren. Der Nationalpark Jasmund umfasst die Kreidefelsen der Kliffküste mit dem Königsstuhl, dem Wahrzeichen Rügens. Im Nationalpark Vorpommersche Boddenlandschaft liegen die autofreie Künstlerinsel Hiddensee und die Kranichinsel Ummanz. Die flache Boddeninsel und die Küsten der lagunenartigen Bodden werden im Herbst von zehntausenden Gänsen und Kranichen besucht.

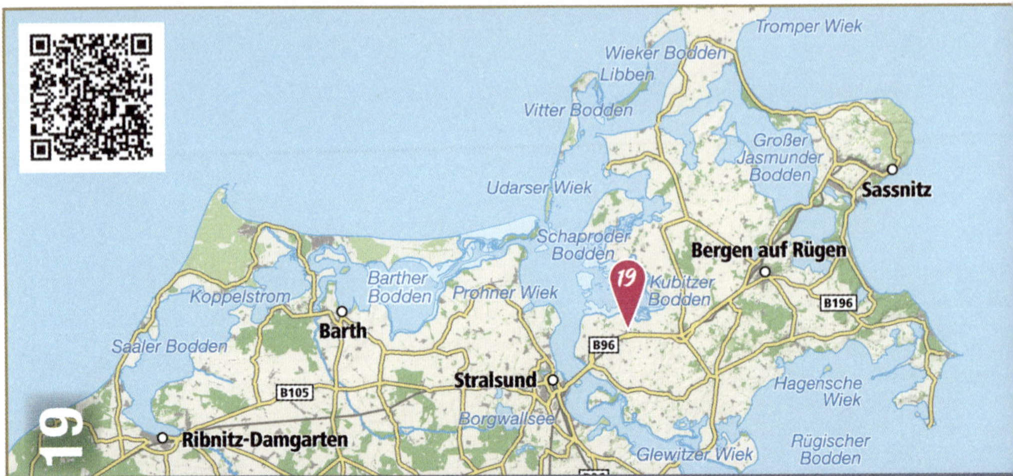

Natour 19

Start & Ziel & Anreise

Start in Rambin an der Kirche St. Johannes an der Hauptstraße. Parkplatz am Friedhof.
Mit dem Auto von Stralsund auf der B96 über den Rügendamm bis Ausfahrt Altefähr fahren. Dort auf die L296 nach Rambin abbiegen und an der Kirche beim Friedhof parken.
Mit der Bahn Linie RE9 vom Hauptbahnhof Stralsund Richtung Sassnitz bis Bahnhof Rambin (Rügen).

Tourenbeschreibung

In Rambin bei der schönen gotischen Backsteinkirche St. Johannes starten wir zur Tour nach Trent.

Von der Kirche führt uns die Strandstraße an die nach rechts abzweigende Straße Am Sportplatz. Wir biegen ein und radeln nach Drammendorf. Im Dorf halten wir uns links hinaus zu den Feldern. An der Wegeeinmündung biegen wir rechts ab und stoßen auf eine Straße in Rothenkirchen. Links biegen wir Richtung Dreschvitz ab. Neben der Straße begleitet uns ein schattenspendender Baumstreifen zum Ufer der Priebowschen Wedde. An der Straßenkreuzung geht's nun nach Dußvitz. Am Ort zweigt ein schmaler Weg rechts ab und führt unter Bäumen an den Abzweig nach Landow. Dort steht rechter Hand die alte ehrwürdige Dorfkirche. Halblinks queren wir die Dorfstraße zum Weg nach Unrow. Links radeln wir ins Dorf hinein und vor dem schmucken Gutshaus rechts nach Lüßvitz. Wir folgen dem Sträßchen nach Groß Kubitz. Vor den wenigen Häusern geht's erst links und dann rechts herum.

Links kommt ein Feldweg, dem wir zur Kreisstraße folgen. Ein kurzes Stück radeln wir geradeaus und biegen vor Varbelvitz Dorf rechts auf die Straße nach Volsvitz ein. Im Rechtsbogen geht's Richtung Gingst. Rechter Hand liegt der Rügen Park.

Fun- und Fahrattraktionen sowie Miniaturen der bekanntesten Bauwerke versprechen großartige Unterhaltung. Wir radeln ins Ortszentrum zum Markt und kehren im Hotel und Restaurant Nordstern ein.

Wenige Radumdrehungen rechts vom Markt liegt die Handwerkerstuben mit Museumscafé. Wir schauen mal rein.

„Ghynx" war damals ein bedeutendes Zentrum für Handwerk auf der Insel Rügen. Es gab bereits Innungen der Schuhmacher, Stellmacher, Schneider, Sattler, Böttcher und Weber. Insbesondere letztere waren für ihre Dammastwebereien in Pommern bekannt.

Am Markt im Ortszentrum von Gingst wenden wir uns nach links und radeln auf der Thälmannstraße, bis wir in der scharfen Kurve einen Rastplatz unter Bäumen entdecken. Halblinks biegen wir ab, zum Sträßchen das über weite Felder an die Kreuzung mit der Landesstraße bei Silenz führt. Links radeln wir nach Trent auf die Dorfkirche zu, biegen aber vor ihr links ab und fahren einen Bogen um die Kirche. Wohl eine der schönsten auf Rügen. Einkehren im Gasthaus Fähr-Eck in der Dorfstraße 25.

Die Kirche in Trent ist eines der ältesten Sakralbauwerken der Insel

Vitter Bodden
Breege – Vitte/Insel Hiddensee
NSG
Bäk
Schaprode-Vitte
Neuendorf
Neuendorf-Kloster
Schaprode-Neuendorf
Trent
Schutzzone
II
Schaproder
Bodden
Udarser Wiek
Koselower See
Waase
20
Haflingerzucht
Ummanz
Gingst
Bistro
Kutterschnute
Café
Zuckerkuss
Schutzzone
I
Erste Edeldistillerie
auf Rügen
Landower Wedde
Schutzzone
I
Kubitzer
Bodden
0
1,0 km

Tour 20

20 Natour

Insel Ummanz

Wo Kraniche Energie tanken. Rund um Ummanz

DAUER	1h 30min
LÄNGE	20 km
HÖHENMETER	127 hm
SCHWIERIGKEIT	LEICHT
MIT ÖPNV ERREICHBAR	nein

Das erwartet dich ...

Wir besuchen Waase am Focker Strom und Freesenort, ein Kleinod mit nur vier denkmalgeschützten, reetgedeckten Häusern und Blick nach Stralsund. Lautes Trompeten kündigt die majestätischen Vögel an. Die charakteristischen Rufe der Kraniche liegen im Herbst in der Luft. Die Regionen Darß-Zingst-Rügen sind ihre Hotspots. Mit Blick auf die Insel Hiddensee geht's zur Vogelbeobachtung an den Aussichtspunkt Hoher Norden und nach Tankow am Udarser Wiek, wo ein Beobachtungshaus des Nationalparkamtes steht.

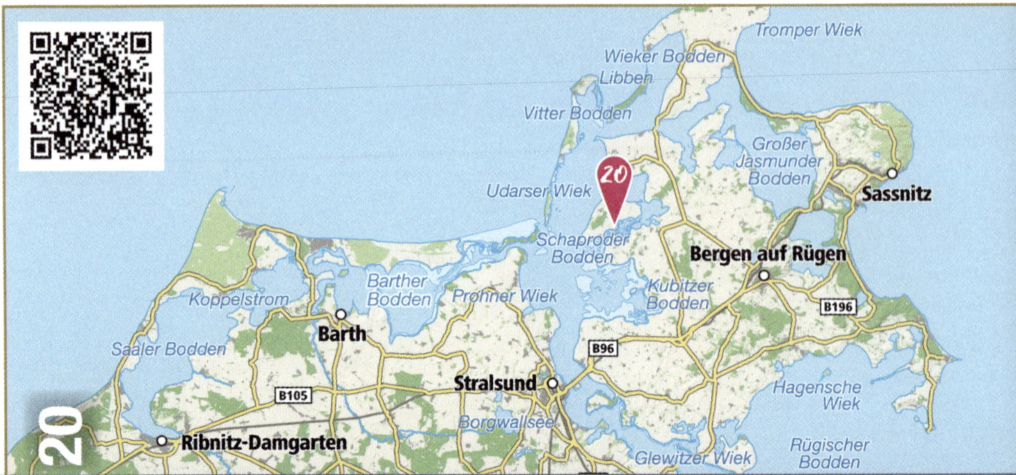

Natour 20

Start & Ziel & Anreise

Start in Waase auf der Insel Ummanz auf dem Parkplatz neben der Kirche St. Marien. Mit dem Auto von Stralsund auf der B96 bis Samtens, Ausfahrt Garz. Nach Samtens abbiegen und auf der L30 Richtung Gingst fahren. Hinter Dreschnitz links über Groß Kubitz auf die Insel Ummanz nach Waase. Parken neben der Kirche. Von Bergen auf Rügen auf der L301 nach Kluis fahren. Von dort auf der L30 nach Gingst und weiter auf der K9 auf die Insel Ummanz nach Waase. Parken neben der Kirche.

Tourenbeschreibung

Die Überfahrt von Mursewiek auf die Insel Ummanz in den Nationalpark Vorpommersche Boddenlandschaft muss man genießen. Geradezu erhebt sich die Kirche St. Marien, links der Leuchtturm von Waase am Focker Strom. Er trennt die Insel Ummanz von der großen Schwester Rügen. St. Marien ist eine der sehenswertesten Dorfkirchen Vorpommerns. Ein besonders kostbares Stück ist der Antwerpener Schnitzaltar, der um 1520 entstand. Neben der Kirche in der Alten Küsterei befindet sich ein Informationszentrum des Nationalparks. Im Zentrum der Ausstellung steht der Kranich, der heimliche Wappenvogel der Insel.

Vor der Kirche geht's links nach Wusse. Links am Focker Strom liegt das Café Zuckerkuss mit herrlichem Gartencafé und Blick auf die Silhouette der Hansestadt Stralsund. Hier darfs schon mal ein Stück liebevoll hergestellter Torte sein.

Hinter der Kurve zweigt ein Sträßchen nach Freesenort ab. Mal anschauen. Das beschauliche Fischerdorf besteht aus nur vier unter Denkmalschutz stehenden reetgedeckten Häusern. Das berühmteste ist die Haasenburg. Dieses Ständerhaus mit reetgedecktem, tief heruntergezogenem Walmdach im Stil der rügenschen Zuckerhütte zählt zu den meistfotografierten Motiven auf Ummanz.

Wir radeln weiter nach Suhrendorf. In der Kurve geht's rechts am Campingplatz vorbei und schnurgerade zur Siedlung Haide. Hinterm Surfhostel und der Tiki Bar geht's links zum Deich mit super Aussicht zur Insel Hiddensee. Auf der Deichkrone radeln wir nach rechts gen Norden zum Aussichtspunkt und schönem Rastplatz. Fernglas auspacken und die Vogelwelt am Wasser beobachten.

Wir rollen vom Deich hinab und auf unbefestigtem Weg entlang einer dichten Baumreihe zur Straße. Richtung Markow stoßen wir auf eine Querstraße und wenden uns nach links. Hinterm dichten Wald öffnen sich die Salzwiesen und Felder am Udarser Wiek. Wir erreichen das hölzerne Vogelbeobachtungshaus, das vom Nationalparkamt errichtet wurde. Besonders lohnt sich ein Besuch im Herbst zur Kranichzeit, denn die majestätischen Vögel des Glücks rasten hier auf ihrem Weg in den Süden. Von Tankow radeln wir geradewegs nach Waase zurück und nehmen Platz im Bistro Kutterschnute am Hafen.

Autoren Tipp

Konzentrierte Frucht erleben: Gut 3 km südlich von Mursewiek im Dorf Lieschow besuchen wir die Erste Edeldestillerie auf Rügen. Die vielen Sonnentage und das Klima Rügens, das für den Menschen sehr zuträglich ist, verwöhnen auch das Obst. Neben Birne, Pflaume und Kirsche können wir in der Destillerie auch Sanddorn, bekannt als die Zitrone des Nordens probieren. Zu einem Glas „Bernstein Apfel" lassen wir uns die Destillation am Gerät erklären. Sieht nostalgisch aus, ist aber einer der modernsten Deutschlands.

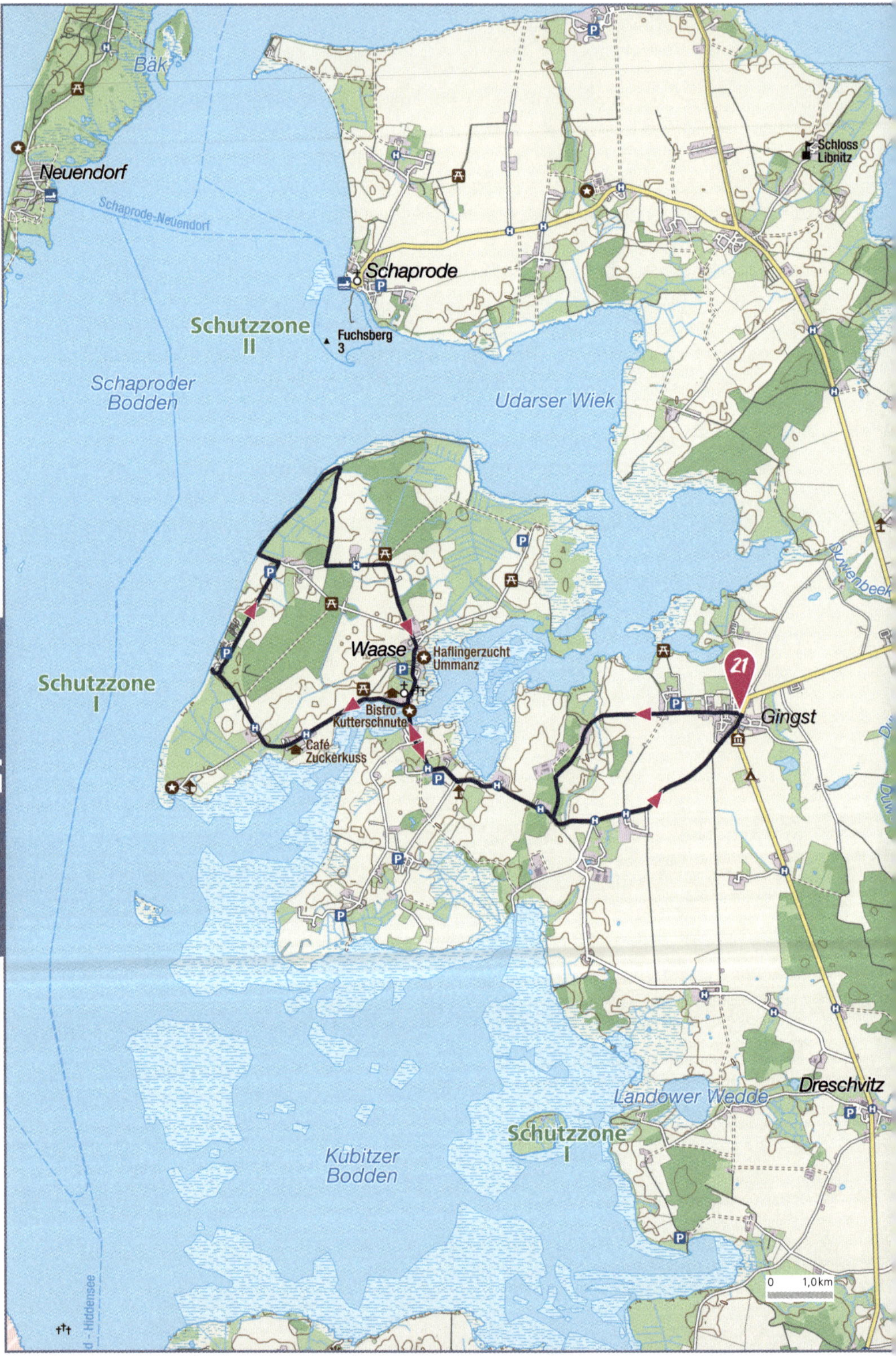
Bäk
Neuendorf
Schaprode-Neuendorf
Schaprode
Schloss Libnitz
Schutzzone II
Fuchsberg 3
Schaproder Bodden
Udarser Wiek
Duwenbeek
Waase
Haflingerzucht Ummanz
21
Gingst
Bistro Kutterschnute
Café Zuckerkuss
Schutzzone I
Dreschvitz
Landower Wedde
Schutzzone I
Kubitzer Bodden
0 1,0 km

Tour 21

21 Natour

Gingst – Insel Ummanz

Rügens einsamer Westen

DAUER	2h 15min
LÄNGE	26,8 km
HÖHENMETER	135 hm
SCHWIERIGKEIT	LEICHT
MIT ÖPNV ERREICHBAR	nein

Das erwartet dich ...

Ganz sicher zählt er zu den besonders stimmungsvollen Plätzen auf Rügen, der Marktplatz in Gingst, zugleich Start und Zielpunkt unserer Tour. Über den Focker Strom geht's zur Kranichinsel Ummanz. Von der Insel reicht der Blick über den Bodden bis zu den Türmen von Stralsund. Genießen können wir diesen vom idyllischen Gartencafé Zuckerkuss. Hoch im Norden schweift der Blick zur Insel Hiddensee. Im Herbst können wir Kraniche und Wildgänse beobachten, die hier auf ihrem Zug nach Süden rasten.

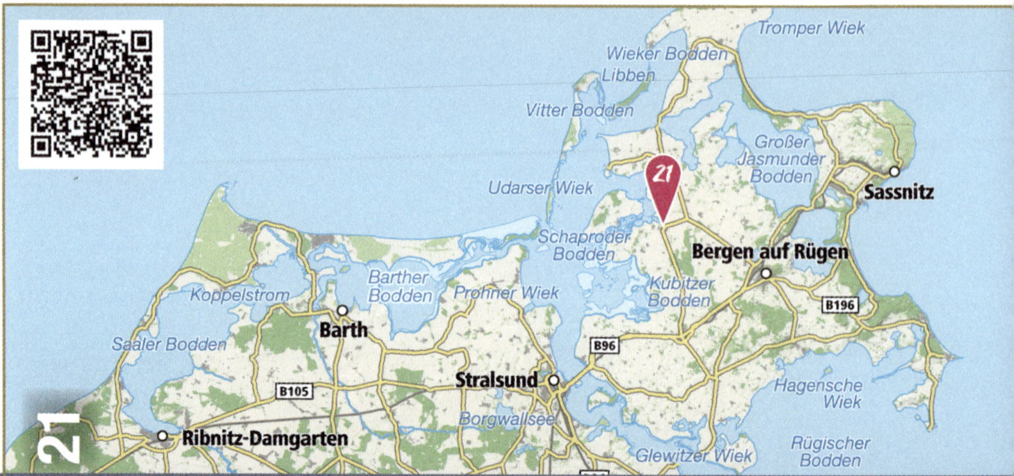

Start & Ziel & Anreise

Start in Gingst am Marktplatz mitten im Ort. Parken bei Kirche St. Jacobi. Mit dem Auto von Stralsund auf der B96 über den Rügendamm nach Samtens. An der Ausfahrt Garz nach Samtens abbiegen und auf der L30 nach Gingst fahren zur Kirche am Markt. Dort parken. Von Bergen auf Rügen auf der L301 Richtung Gingst. Am Klüser Dreieck auf die L30 nach Gingst fahren zur Kirche am Markt.

Tourenbeschreibung

Am schönen Markt inmitten von Gingst schwingen wir uns aufs Rad und radeln die Mühlenstraße auswärts zum Fun- und Freizeitpark Rügen Park. Hier gibt's Familienunterhaltung mit Fahrgeschäften und Achterbahnen, Streichelzoo und Modellen berühmter Gebäude. Gleich dahinter, etwas versteckt im Park, liegt das Gutshaus Kapelle. Eine romantische Eichenallee führt uns ab jetzt durch eine vorpommersche Landschaft, wie gemalt! Die Bäume fegen an uns vorbei und dahinter breiten sich die gelben Rapsfelder und grünen Wiesen aus. Hinter dem Gingster Ortsteil Volsvitz tauchen wir in den Wald ein und genießen den schattigen Wegabschnitt zur Kreisstraße. Rechts biegen wir ein und radeln durch Varbelvitz Dorf an den Bodden. Ein gut ausgebauter Radweg entlang der Straße führt uns nach Mursewiek zur Brücke über dem Focker Strom.

Inselfeeling. Wir rollen von der Insel Rügen nach Waas hinüber auf die Insel Ummanz. Vor der schönen St.Marien Kirche, eine der sehenswertesten Dorfkirchen

Vorpommerns birgt sie doch einen reich verzierten gotischen Altar, biegt die Tour links Richtung Wusse ein. Gleich links kommen wir an der Kutterschnute vorüber, einem kleinem Bistro in einer alten Pfarrscheune mit Blick auf den Focker Strom. Wir machen uns nun auf den Weg nach Wusse und rollen direkt an der Uferlinie des Boddens entlang. Zu den wenigen Häusern von Wusse gehört auch das Gartencafé Zuckerkuss. Der grandiose Blick vom Garten reicht über den Bodden bis zur Skyline von Stralsund. Hoch wie die Türme der altehrwürdigen Hansemetropole sind auch die leckeren selbstgebackenen Torten im Café.

Nach der Kurve können wir einen kurzen Abstecher nach Freesenort machen, der ältesten Siedlung auf Ummanz. Vier denkmalgeschützte Häuser stehen auf diesem beschaulichen Stück Erde. Das älteste von ihnen, die Haasenburg, ist ein niederdeutsches Hallenhaus mit Zuckerhutdach.

Das Sträßchen bringt uns nun nach Suhrendorf. Hinter der Kurve geht's an der Ferienanlage des Regenbogencamps vorüber nach Haide. Hinterm Surfhostel mit der Tiki Bar biegen wir links von der Straße ab und radeln zum Deich. Auf der Deichkrone geht's nach rechts zum Aussichtspunkt Hiddenseeblick. Ein dauerschönes Panorama auf den Bodden und seine reiche Vogelwelt begleitet uns in den hohen Norden. Fernglas auspacken. Kormorane, Silber- und Mantelmöwen, Enten und Gänse lassen sich gut von hier beobachten.

Der Weg führt uns vom Deich herab auf einem befestigten Weg hin zur Straße. An dieser rollen wir links, passieren Markow, biegen an der Querstraße rechts ein und erreichen schließlich wieder Waase. Geradewegs surren die Pneus über die Brücke und durch das bereits bekannte Mursewiek. Von nun an leiten uns die Wegweiser in Richtung Gingst. Auf dem begleitenden Radweg der Kreisstraße radeln wir zum Ausgangsort an den Markt in Gingst zurück und lassen die Tour gemütlich ausklingen.

Autoren Tipp

Die goldenen Haflinger von Ummanz: Auf dem Weg zurück nach Waase kommen wir an der Haflingerzucht Ummanz vorbei, umgeben von Feldern, Waldstücken und Wiesen. Ein Paradies auf Erden. Ideale Voraussetzungen, um das Reiten zu lernen, Landschaftsausritte zu machen oder Kutsch- und Kremserfahrten zu unternehmen. Hier können wir Stutenmilch probieren, gilt als Lebens- und Heilmittel. Zu finden in der Neue Straße 30a im Ortsteil Waase auf Ummanz.

NSG
Großsteingrab Starrvitz
Starrvitz
Schifferkrug Kühle
Altenkirchen
22
Dranske
Café Dranske
Wiek
Swantiberg 65
Libben
Kloster
Plathe
Wieker Bodden
Vitter Bodden
Schutzzone I
Vaschvitz
Vitte-Wiek/Dranske
Breetzer Bodden
Neuenkirchen
Schaprode-Vitte
Schloss Libnitz
22
Neuendorfer Wiek
Schaprode
Trent
Schutzzone II
Fuchsberg 3
Udarser Wiek
Schaproder Bodden
0 1,0km

Tour 22

22

Natour

Von Trent nach Dranske

Im Antlitz der Insel Hiddensee

DAUER	2h 45min
LÄNGE	32,2 km
HÖHENMETER	158 hm
SCHWIERIGKEIT	LEICHT
MIT ÖPNV ERREICHBAR	nein

Das erwartet dich ...

Weite Kornfelder auf denen Windkraftanlagen gepflanzt wurden, zwischen der lagunenartigen Boddenlandschaft im Nationalpark Vorpommersche Boddenlandschaft. Von den Häfen Schaprode, Wiek und Dranske am Wieker Bodden fahren Schiffe zur autofreien Insel Hiddensee. Gerade einmal 18 Kilometer lang und an der schmalsten Stelle 250 Meter breit gilt Hiddensee als die schönste Insel in Mecklenburg-Vorpommern, voller Blütenpracht, strahlend, stürmisch oder verschneit.

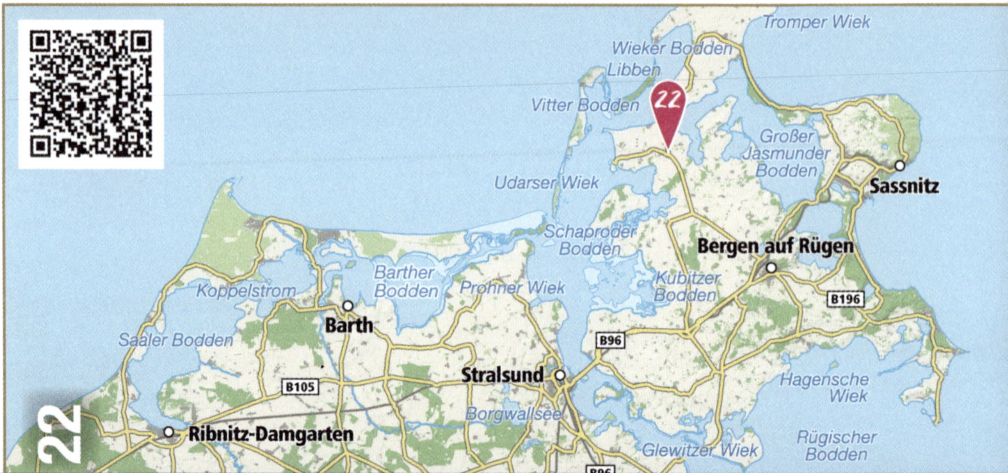

Natour 22

Start & Ziel & Anreise

Start in Trent beim Gasthof Fähr-Eck. Parken auf dem Parkplatz in der Dorfstraße. Mit dem Auto von Stralsund auf der B96 über den Rügendamm Richtung Sassnitz nach Bergen auf Rügen. Dort auf die L301 Richtung Gingst abbiegen und in Kluis rechts auf die L30 nach Trent fahren. Parken in der Dorfstraße beim Gasthaus Fähr-Eck.

Tourenbeschreibung

Im Dorfladen von Trent gibt es täglich frische Brötchen. Etwas Leckeres für unterwegs gibt's bestimmt auch. Vom Gasthaus Fähr-Eck radeln wir zuerst ein Stück auf der Deutschen Alleestraße Richtung Schaprode. Bald schon sehen wir die Trenter Windmühle, leider ohne Flügel. Eigentlich ist sie letzte erhaltene Holländerwindmühle der Insel Rügen. Beim Abzweig nach Zubzow wechseln wir auf den separaten Radweg der Landesstraße nach Granskevitz. Neben dem Betrieb versteckt sich rechter Hand hinter Bäumen das idyllische Gutshaus. Das Dorf Udars lassen wir links liegen und radeln nach Schaprode, dem Tor zur Insel Hiddensee. Am Ortsanfang biegen wir links in den Streuer Weg ein und wenden uns am Quersträßchen zum Hafen. Oberhalb des Hafens erhebt sich die St.-Johannes-Kirche, weithin sichtbar aus rotem Backstein und spitzen Turm. Sie diente einigen dänischen Bischöfen als Asyl bei Auseinandersetzung mit dem Königshaus. Rund um die stattliche Kirche gruppieren sich reetgedeckte Häuser.

Fast jeder Rügen-Besucher war schon einmal hier, wenn auch vielleicht nur, um auf die herrliche autofreie Nachbarinsel Hiddensee überzusetzen. Vom Hafen aus fahren Fähren und Fahrgastschiffe zu den Häfen Neuendorf, Kloster oder Vitte. Von dort aus sind Wanderungen und Radtouren in die traumhafte Dünenheide, zum Gerhardt-Hauptmann-Haus oder zum bekannten Leuchtturm Dornbusch möglich. Wer das letzte Schiff zurück zur Insel Rügen verpasst, hat die Möglichkeit, eines der Wassertaxis zu rufen, die zu jeder Zeit im Dienst sind.

Vom „Dorf am Meer" führt der Weg an der Kirche entlang auf der Lange Straße zum Abzweig nach Poggenhof. Ziemlich am Ende des Dorfes geht's links nach Poggenhof. Bei den ersten Häusern wenden wir uns links und nach wenigen Radumdrehungen rechts, dann geradeaus über weite Wiesen an das Ufer des Wieker Bodden. Das Sträßchen wird zum unbefestigten Weg mit schattenspendenden Bäumen beiderseits und folgt nach rechts dem Ufer zum Gut Vaschvitz. Hier radeln wir im Rechtsbogen durch die Siedlung zur Landesstraße und links zur Wittower Fähre. Die Personen- und Kfz-Fähre verbindet die Halbinsel Wittow mit dem Kernland Rügens. Sie pendelt ca. alle 10 Minuten zwischen dem Trenter Ortsteil Vaschvitz und dem Wieker Ortsteil Wittower Fähre. Die letzte Fähre fährt in den Sommermonaten um 20:50 bzw. 21:00 Uhr, ansonsten um 18:50 Uhr bzw. 19:00 Uhr.

Nach dem Übersetzen geht's sofort links am Hafen entlang, zum unbefestigten Uferweg des Wieker Bodden, gesäumt mit Bäumen nach Zürkvitz. Hier stoßen wir auf die Landesstraße und fahren entlang der Straße der Deutsch-Sowjetischen Freundschaft zum Wieker Hafen. Bei der Kirche St. Georg geht's links über den Markt zum Parkplatz am Hafen. Lust auf einen Schiffsausflug? Von Mai bis Oktober gibt es einstündige Ausflugsfahrten durch den Nationalpark Vorpommersche Boddenlandschaft nach Vitte auf der Insel Hiddensee. Das Fischer- und Hafendorf zählt mit seinen reetgedeckten Häusern zu den schönsten Haufendörfern Rügens. Die hinter alten Bäumen aufragende Dorfkirche birgt eine geschnitzte Statue des hl. Georg zu Pferd. Sie erinnert daran, dass der heilige Mann einer Legende zufolge die Bauern auf Wittow von einer Maulwurfsplage befreite.

Auf der Straße der Jugend verlassen wir Wiek und radeln der Boddenküste folgend zu einer Ferienhaussiedlung. Dahinter radeln wir auf dem linken Weg geradeaus. Vor die Küste schiebt sich nun eine Verlandungszone, in der die Varnowsteine, mächtige Findlinge, aus dem Wasser ragen. Jenseits der Bucht erstreckt sich der Bug, der längste Sandhaken Rügens.

Am Hafen in Kuhle angekommen lohnt sich eine kurze Rast im Schifferkrug Kuhle, der ältesten Gastwirtschaft auf Rügen. Wir folgen der Küste des Wieker Bodden entlang der Kreisstraße nach Dranske zur Hafenstraße. An der Ecke duftet es schon nach Kaffee und Kuchen aus der Pension und Café Sahne. Links geht's zur Seebrücke und Schiffsanleger. Auch von hier fahren Schiffe zur Insel Hiddensee.

Zatoka Pomorska
- Pommersche
Bucht
Putgarten
Café Rügen-hof
NSG
Lancken
Starrvitz
Altenkirchen
Dranske
Wieker Bodden
Wiek
Juliusruh
Breege
Tromper Wiek
Rennort
Breeger Bodden
Schutzzone
I
Gasthaus zur Schaabe
Glowe
Breetzer Bodden
Neuenkirchen
Schloss Libnitz
Trent
Neuendorfer Wiek
Großer Jasmunder Bodden
0
1,3 km
23
23

Tour 23

23 Natour

Von Dranske nach Glowe

Zum Kap Arkona – Rügens Nordkap

DAUER	3h 15min
LÄNGE	38 km
HÖHENMETER	307 hm
SCHWIERIGKEIT	LEICHT
MIT ÖPNV ERREICHBAR	nein

Das erwartet dich ...

Das von drei Türmen gekrönte Kap Arkona im Norden der Halbinsel Wittow ist Rügens Nordkap. Bis zu 46 m ragen die zerklüfteten weißen Felsen aus dem Meer. Das denkmalgeschützte Fischerdorf Vitt mit reetgedeckten Häusern liegt an der Kliffküste südlich von Kap Arkona. Richtung Süden stoßen wir auf den Riesenberg, eine der bedeutendsten Megalithanlagen auf Rügen. Die Kiefernwälder der acht Kilometer langen Nehrung Schaabe, kurz vor Glowe, gehören zum Bestand schützenswerter Waldgürtel Europas.

Natour 23

Start & Ziel & Anreise

Start in Dranske beim Parkplatz an der Hafenstraße und Seebrücke.
Mit dem Auto von Stralsund auf der B96 über den Rügendamm Richtung Sassnitz nach Bergen auf Rügen. Dort auf die L301 Richtung Gingst abbiegen und in Kluis rechts auf die L30 über Trent zur Wittower Fähre. Geradeaus durch Wiek und nach Wiek links auf der K2 nach Dranske fahren zum Parkplatz an der Hafenstraße.

Tourenbeschreibung

Wir treffen uns an der Seebrücke in Dranske und werfen einen Blick auf den Wieker Bodden. Landeinwärts geht's am Café Sahne vorbei auf der Schulstraße zum Friedhof. Dahinter zweigt die Straße Seeblick ab und führt zur Siedlung Rehbergort. Rechts radeln wir am Dranske Hof vorbei nach Lancken. Dort liegt in einem Park das leider vom Verfall bedrohte Gutshaus. Nichts Sehenswertes, daher radeln wir gleich nach links, dann rechts am Dorfteich entlang zum Feld hinaus. Gleich kommt rechts ein Abzweig, der uns nach Gramitz führt. Linker Hand liegt das Feriengebiet Bakenberg. Ist bei Surfern und Campern recht beliebt. Der kilometerlange Sandstrand liegt hinterm Küstenschutzwald.

Unser Weg führt geradeaus den Windkrafträdern entgegen. Am Abzweig geht's nach links zur Siedlung Schwarbe. Hier gibt's einen Reiterhof und daneben das Restaurant Pferdestübchen by Wild Birdie. Wir radeln rechts zum Gutspark Schwarbe. Auch hier wiehern Pferde. Auf der Dorfstraße durchqueren wir das Dorf und wenden uns am Feldrand links zu einer schönen Allee. Sie führt nach Varnkevitz, wo die wenigen Häuser hinter Bäumen verschwinden. Links sehen wir bereits den schmalen Küstenschutzwald und spüren das Meer. Am Waldstreifen wenden wir uns nach rechts und radeln auf dem Hochuferweg zum Parkplatz am Strand Nordufer. Geradeaus ist Kap Arkona, Rügens Nordspitze, nicht mehr weit. Wir stoßen auf die Aussichtsplattform am Kap, oben an der Hohen Diele. Der steile Uferabstieg führt an den Strand zum Gellort, dem absolut nördlichsten Punkt Rügens, und zum Siebenschneiderstein, dem viertmächtigsten Findling Rügens.

Mit mächtig dicken Mauern wurde der Marineführungsbunker Kap Arkona geschützt. Das Museum ist eines der ersten Häuser in Arkona. Arkona ist der Ort mit drei Türmen für die Seefahrt. Der aus rotem Backstein errichtete Schinkelturm, das Leuchtfeuer Kap Arkona und der Peilturm. 164 Stufen führen zur Aussicht vom Leuchtfeuer Kap Arkona mit Blick zur weißen Steilküste der dänischen Insel Møn. Wechselnde Ausstellungen finden unter der Glaskuppel des Peilturmes statt.

Im Rügenhof Café probieren wir die beliebten Cup Cakes. Die mit Sahne gefüllten Küchlein füllen die verbrauchten Energiereserven wieder auf.

Wir orientieren uns am Ufer und radeln weiterhin durch den Waldstreifen an der Steilküste entlang. Zahlreiche Aussichtpunkte begleiten uns zum Fischerdorf Vitt. Kurz vor Vitt geht's rechts zur Straße nach Putgarten, dann links an der achteckigen Kapelle vorbei hinab zum Strand mit kleinen Fischerbooten auf dem Kies. Hier gibt's leckeren Räucherfisch. Rechts herum geht's durch das denkmalgeschützte Vitt und abseits der Küste über Goor zum Großsteingrab Riesenberg. Die mächtigen Steine der Megalithanlage sind schon beeindruckend. Caspar David Friedrich und Carl Gustav Carus zeichneten sie während ihrer Rügenwanderungen. Der Platz ist magisch. Die Wächtersteine sind mehr als drei Meter hoch und grüßen schon von Weitem.

Wir nähern uns wieder der Steilküste und radeln am Ferienhauspark Rügen entlang zur Landesstraße bei Breege. Breege liegt am Bodden, sein langer Sandstrand jedoch im Ortsteil Juliusruh an der Meerseite. An der Dorfstraße hinterm Park Juliusruh biegen wir rechts ein und sofort wieder links in den Waldweg. Der führt uns zur Kreisstraße und diese dann rechts an die Landesstraße. Auf ihr radeln wir durch die Schatten spendenden Wälder der Schaabe nach Glowe. Als Schaabe bezeichnet man die Nehrung zwischen den Halbinseln Jasmund und Wittow. Der große Kiefernbestand auf der acht Kilometer langen Schaabe zwischen Glowe und Juliusruh gehört zum Bestand schützenswerter Waldgürtel Europas. Der Radweg wechselt einige Male die Straßenseite der Landesstraße bevor wir entlang der Ferienhaussiedlung Dünenresidenz nach Glowe einfahren. Am Gasthaus Zur Schaabe, es liegt an der Hauptstraße bei der Ostseeklinik Königshörn, erwartet uns uriges Ambiente und leckere Fischspezialitäten. Hier geht's auch hinab an den Glower Hafen.

Unser Highlight

24

Über die Halbinsel Wittow

Kap Arkona – Rügens wilder Norden

DAUER	3h 15min
LÄNGE	37,4 km
HÖHENMETER	243 hm
SCHWIERIGKEIT	LEICHT
MIT ÖPNV ERREICHBAR	nein

Das erwartet dich ...

In der Saison pilgern Tag für Tag ganze Heerscharen von Ausflüglern zu den Leuchttürmen von Kap Arkona. Grund genug, diese als Tourenziel auszusparen? Besser nicht! Schließlich gelten sie als ein Wahrzeichen der Insel und gehören zu einem Rügenbesuch einfach dazu. Obendrein radeln wir durchs Windland Wittow und ein Stück an der hoch aufragenden Steilküste entlang zum Gellort am Kap Arkona, dem nördlichsten Punkt der Insel Rügen.

Aussichtstour 24

Start & Ziel & Anreise

Start in Putgarten am Großparkplatz Kap Arkona.
Mit dem Auto von Stralsund auf der B96 über den Rügendamm nach Sassnitz. Hinterm Abzweig zum Fährhafen bei Sagard links auf die L30 einbiegen und über Glowe nach Aktenkirchen fahren. Dort nach Putgarten abbiegen. Parken auf dem Großparkplatz Kap Arkona.

Tourenbeschreibung

Gleich am Ortseingang des eigentlich beschaulichen Dorfes Putgarten liegt der Großparkplatz Kap Arkona. Das Kap ist zu Fuß schnell erreicht und die Leuchttürme zeigen weithin sichtbar den Weg.

Wir lassen gleich den Trubel hinter uns und starten am Parkplatz, der auch wieder unser Ziel sein wird. Die Läden am Parkplatz im Rücken radeln wir zum Varnkevitzer Weg und links nach Mattchow. Wir fahren über die Kreuzung und immer geradeaus, am Abzweig nach Schwarbe vorbei zur Kreuzung, an der es rechts ins Dorf Nonnevitz geht.

Endlose Felder dehnen sich bis zum Horizont, in das Säuseln des Windes mischen sich die jubilierenden Lerchen über unseren Köpfen. Keine schlechte Idee ist hier einmal innezuhalten und das weite 360°-Panorama zu genießen!

Auch hier fahren wir geradeaus, bei Gramitz aber halten wir uns links und erreichen in Starrvitz das Pferdezentrum Balance. Eine ganze Reihe unterschiedlicher Ausritte werden auf dem Gestüt angeboten – Boddenritte, Ausritte an den Ostseestrand oder an richtig heißen Tagen sogar Schwimmen mit Pferden.

Wir spüren schon die frische Brise vom Wieker Bodden. Das Dörfchen Kule liegt am Ufer. Im Schifferkrug Kuhle am kleinen Hafen lässt es sich gut Einkehren und den knurrenden Magen besänftigen. Der Krug ist Rügens älteste Gaststätte. Sie gibt es seit 1455.

Stets den Wieker Bodden im Blick radeln wir entlang der Kreisstraße nach Dranske. Am Parkplatz des Supermarktes geht's geradeaus zur Hafenstraße. Dort geht's links an den Strand und zur Seebrücke. Draußen legen die Ausflugsschiffe an und nehmen Kurs Richtung Vitte zur Insel Hiddensee.

Die Kreisstraße führt noch ein Stück weit auf die Halbinsel Bug. Der südliche Teil gehört zum Nationalpark Vorpommersche Boddenlandschaft. Zugänglich ist das ehemalige Militärgebiet nur mittels einer Führung.

Von der Hafenstraße am Café Sahne biegen wir rechts in die Schulstraße ein und radeln zum Friedhof. Seeblick heißt die Straße die uns hinterm Friedhof nach Rehbergort führt. Dort folgen wir der Straße und fahren über Dranske Hof nach Lancken. Am Dorf geht's nach links und in der Gasse Zur Kreptitzer Heide hindurch. Einen knappen Kilometer hinterm Ortsausgang biegen wir auf ein Sträßchen Richtung Gramitz ein. Vor Gramitz führt die Route links an der Ferienresidenz Rugana vorbei Richtung Bakenberg.

Hinterm Wald erstreckt sich der kilometerlange Sandstrand des beliebten Erholungsgebietes mit Campingplätzen und Ferienhäusern.

Noch vor dem Waldrand schwenken wir rechts ab, passieren den Großparkplatz und radeln nach rechts durch Nonnewitz zur Kreuzung mit einzelnen Gebäuden. Wir biegen links ein und am Abzweig nach Schwarbe-Siedlung erneut links zum Restaurant Pferdestübchen am Reiterhof. In dem urigen Stübchen kehren wir ein.

Später rollen wir geradewegs durchs Dorf Schwarbe und wenden uns am Feldrand links nach Varnkevitz und zur Ostseeküste. Am Waldrand geht's rechts oberhalb der Wittower Kliffküste entlang zum Parkplatz Nordstrand. Hier führt eine Treppe steil hinunter an den weißen Ostseestrand. Immer wieder gibt der Wald Blicke aufs blaue Meer tief unter uns frei. Und plötzlich stehen wir an der Fallada-Aussicht. Was für ein Blick! Wir sind mindestens so begeistert wie der Schriftsteller Hans Fallada, der häufig auf Wittow zu Gast war.

Fortsetzung Tour 24

Das nächste super Fotomotiv ist der Aussichtpunkt am Kap Arkona, hoch über der Kliffküste gelegen. Zum Strand geht's über eine steile Treppe. Wir erreichen die Siedlung Kap Arkona. Einträchtig stehen der Leuchtturm Schinkels und das höhere Leuchtfeuer Kap Arkona nebeneinander. 164 Stufen sind es zur Aussicht am Leuchtfeuer, mit Blick bis nach Dänemark. Auf dem Weg zum Fischerdorf Vitt halten wir am Peilturm mit einer Glaskuppel als Sahnehäubchen an der Spitze. Vorbei an grandiosen Aussichtspunkten folgen wir bald dem Wegweiser Vitt Kapelle, wenden uns dann am Sträßchen rechts und gelangen so zurück nach Putgarten.

Nördlich von Kap Arkona kommt nur mehr das Meer:
Peilturm vor dem Neuen Leuchtturm

25
Glowe
Lohme
Fischlokal Daheim
Nationalparkzentr
Nipmerow
Spycker See
Mittelsee
Bobbin
Opferstein Quoltitz
Hagen
Nationalpark Jasmund
Erlebnisbad Splash
Rabenberg 142
Polchow
Sagarder Bach
Sagard
Kreidesee Garzer Busch
B 96
Großer Jasmunder Bodden
Hügelgrab Blieschow 5 (Siebenberg)
Räucher- u. Ga stättenschiff MS Manfred
Sassnitz
B 96b
Fürstengrab
Großsteingrab Mukran 1
Großer Wostevitzer Teich
Lietzow
Zatoka Pomorska - Pommersche Bucht
Neu Mukran
Kleiner Jasmunder Bodden
Steinfelder in der Schmalen Heide
Binz - Sassnitz
Sassnitz - Binz
0 1,0 km

Von Glowe nach Sassnitz

Rügens Naturschätze – Buchenwälder und die Kreidefelsen am Königsstuhl

DAUER	2h 30min
LÄNGE	31,7 km
HÖHENMETER	495 hm
SCHWIERIGKEIT	MITTEL
MIT ÖPNV ERREICHBAR	nein

Das erwartet dich ...

Die Kreideklippen der Stubbenkammer am Königsstuhl sind das Wahrzeichen Rügens. Hier scheint der Buchenwald ins Meer zu stürzen. Diese bezaubernde Kulisse zog schon KünstlerInnen der Romantik in ihren Bann, heute unzählige TouristInnen, die sich hier im Informationszentrum des Nationalparks Jasmund über die bizarre Landschaft informieren und die überragende Aussicht genießen. Durch das UNESCO-Welterbe Alte Buchenwälder radeln wir hinunter in die Hafenstadt Sassnitz.

Natour 25

Start & Ziel & Anreise

Start in Glowe beim Gasthaus Zur Schaabe in der Hauptstraße. Parkplatz am Gasthaus.

Mit dem Auto von Stralsund auf der B96 über den Rügendamm nach Sassnitz fahren. Nach dem Abzweig zum Fährhafen Sassnitz bei Sagard links auf die L30 nach Glowe einbiegen. In Glowe bis an die Zufahrt zur Ostseeklinik Königshorn am Gasthaus Zur Schaabe. Parken am Gasthaus.

Tourenbeschreibung

Am südlichen Ende der Schaabe zwischen der Ostsee und dem Großen Jasmunder Bodden beginnen wir die Radtour von Glowe nach Sassnitz. Beim Gasthaus Zur Schaabe an der Hauptstraße, links geht's zur Ostseeklinik, wenden wir uns rechts zur Straße Alt Glowe und verlassen auf ihr Glowe. Schon radeln wir am Waldrand entlang und erreichen Weddeort. Im Linksbogen fahren wir um die Häuser herum und biegen dann rechts in den Wald ab. Auf der Landverbindung zwischen Spycker See und Mittelsee erreichen wir Spycker. Hier geht's erst rechts und dann links zum ältesten Schloss auf Rügen. Das schmucke, rote Schloss Spycker ist heute ein Hotel und liegt in einem herrlichen Schlosspark. Uns führt die Schlossallee daran vorbei zur Landesstraße. Gegenüber geht's zum Dinosaurierland Rügen.

Entlang der Straße radeln wir durch Boddin und um den Tempelberg herum zum Sträßchen nach Neddesitz. Überraschung. Hier gibt es ein Erlebnisbad namens SPLASH, mit Hallen- und Außenbecken, großer Badelandschaft und 80 m Rutsche. Im spitzen Winkel geht's beim Bad links an kleinen Wäldchen, Wiesen und Feldern entlang Richtung Nardevitz. An der scharfen Kurve kurz vor dem Dorf radeln wir geradeaus durch die romantisch gelegene Moorsiedlung zur Landesstraße vor Nipmerow. An der Straße biegen wir links ein und am Aussichtspunkt und Parkplatz rechts über Salsitz nach Lohme. Rechts biegen wir in die Arkonastraße ein und radeln bis zur Straße Am Hafen. Zum Hafen geht's links steil hinab. Wir bleiben oben auf der Arkonastraße und kommen zum urigen Fischlokal Daheim. Hier wird Frisches aus dem Meer serviert.

Am Ortsende biegen wir links ab nach Ranzow. Wir radeln am weißen Schloss vorbei und in den Buchenwald des Nationalparks Jasmund hinein. Der Ostsee-Radweg erreicht einen Querweg, der uns links durch eine Walschneise an die Straße und zum Nationalparkzentrum führt. Beim Besuch geht's interaktiv auf eine Zeitreise durch den Nationalpark. Wir berühren Eiszeitgletscher, werden klein wie ein Grashüpfer und entdecken unterirdische Welten.

Zu den Kreidefelsen am Königsstuhl geht's dann zu Fuß. Seit jeher pilgern Menschen zum Königsstuhl. Er wurde Teil ihrer Mythologie und Kultur. Heute erleben BesucherInnen aus aller Welt die Faszination dieses besonderen Ortes an Rügens weißer Kreideküste. Nach ausgiebigem Genuss der herrlichen Aussicht geht es am Parkplatz vorbei zurück zum Abzweig mit dem Radweg. Hier geht's zu Fuß an den von alten Buchen umgebenen Herthasee. Eine Sage berichtet: Wenn ein Wanderer in Vollmondnächten an den See gelangt und sieht, wie „die weiße Frau" zwischen Seerosen badet, hat sein letztes Stündlein geschlagen. Soweit lassen wir es nicht kommen und gehen zurück. Wir folgen dem Radweg an der Waldschneise links und kommen zum Schwierenzer Baumhaus. Hier macht der Ostsee-Radweg einen Linksbogen und führt am Waldrand entlang und am Alten Torfmoor vorbei an die Landesstraße bei Holzkoppel. Gegenüber geht's schnurgerade am Waldrand entlang, im Linksbogen um den 161 m hohen Piekberg herum, die höchste Erhebung Rügens, an ein Asphaltsträßchen. Gegenüber führt der Radweg nach rechts am Sträßchen entlang zu einer Schutzhütte neben der Straße. Links biegen wir ab und folgen dem Weg einige Zeit durch den Buchenwald an die Straße bei Buddenhagen. Kurz nach links und an der sternförmigen Wegeverzweigung radeln wir rechts hinunter zur Bushaltestelle Welterbeforum an der Landesstraße oberhalb von Sassnitz.

Abwärts rollen wir in die Hafenstadt an der Kirche St. Johannis vorbei zur Hauptstraße. Schräg nach rechts beginnt die Hafenstraße die uns zum Hafen führt. Am Kai liegt das Museumsschiff Havel, gleich daneben das Sassnitzer Fischerei- und Hafenmuseum. Davor laden einige Restaurants zum Verweilen ein. Wer noch Zeit hat, sollte unbedingt über die Ostmole schlendern und im Räucher- und Gaststättenschiff MS Manfred Platz nehmen. Am Ende der Mole erreichen wir den Leuchtturm, das Ostmolenfeuer Sassnitz. Ein schöner Platz bei Sonnenuntergang.

Sagard
Kreidesee
Garzer Busch
26
B 96
Hügelgrab
Blieschow 5
(Siebenberg)
Sassnitz
Sassnitz - Kreideküste
Sassnitz - Ystad
B 96b
Fürstengrab
Großsteingrab
Mukran 1
B 96
Großer
Wostevitzer
Teich
Lietzow
Neu Mukran
Kleiner
Jasmunder
Bodden
Steinfelder
in der Schmalen
Heide
Binz - Sassnitz
Sassnitz - Binz
Zatoka Pomorska
- Pommersche
Bucht
Prora
Prorer Wiek
Großsteingrab
Sieben Brüder
Ostseebad
Binz
Sellin - Binz
Schmachter
See
B 196
Zirkow
26
Jagdschloss
Granitz
Pantow
Sellin
Großsteingrab
Posewald 1
B 196
Lancken-Granitz
Ostseebad
Baabe
Nistelitz
Selliner See
Großsteingrab
Burtevitz 3
Neuensiener
See
Ziegensteine
0
1,0 km

Von Sassnitz nach Sellin

Weite Blicke über Land und Meer. Jagdschloss Granitz – die Krone Rügens

DAUER	2h 30min
LÄNGE	31,9 km
HÖHENMETER	434 hm
SCHWIERIGKEIT	LEICHT
MIT ÖPNV ERREICHBAR	ja

Das erwartet dich ...

Im Stadthafen von Sassnitz schwingt sich eine Hängebrücke hinab zum Alten Fährterminal eine tolle Konstruktion mit Aussicht über den Hafen. Darunter liegt das Museums-U-Boot „HMS Otus". Weite Blicke über die Insel bis zur Binzer Bucht erlaubt uns der extravaganten Mittelturm im Jagdschloss Granitz, die Krone Rügens. Binz ist das bedeutendste Seebad auf Rügen mit einem der besterhaltenen Bäderarchitektur-Ensembles der Ostseeküste. Und das Ostseebad Sellin an der Nostalgiebahn „Rasender Roland" hat die wohl schönste Seebrücke Rügens.

Aussichtstour 26

Start & Ziel & Anreise

Start in Sassnitz am Stadthafen beim Fischerei- und Hafenmuseum.
Mit dem Auto von Stralsund auf der B96 über den Rügendamm nach Sassnitz fahren. Von der Hauptstraße rechts in die Seestraße einbiegen und an der Hafenstraße rechts zum Stadthafen. Am Hafen parken.
Mit der Bahn, Linie RE9, von Stralsund nach Sassnitz fahren. Vom Bahnhof mit dem Rad durch die Bahnhofstraße zum Stadthafen, ca. fünf Minuten.

Tourenbeschreibung

Wir verlassen den Stadthafen auf der Hafenstraße landeinwärts zum Schmetterlingspark an der Straße der Jugend. Von April bis Oktober gaukeln mehr als 80 verschiedene Schmetterlingsarten aus 4 Kontinenten unter einer Glaskuppel. Rechts geht's zur Straße Fischerring, in die wir einbiegen. Am Rondell halten wir uns links und umfahren den Häuserblock zur Mukraner Straße. Sie führt uns links zur Landesstraße. Gegenüber beginnt der Radweg entlang der Straße nach Dubnitz. Hinter Dubnitz queren wir die B96b an der Zufahrt zum Fährhafen Sassnitz-Mukran, dem Tor nach Skandinavien. Hier verschwinden ganze Güter- und Personenzüge in den Bäuchen der Fährschiffe.

Auf der Landesstraße geht's weiter geradeaus nach Neu Mukran. Links am Hafen beginnt dann der Radweg entlang der Straße Richtung Binz. An der Straßenzufahrt des langgestreckten Parkplatzes halten wir uns links und erreichen den Masten einer Hochspannungsleitung. Von hier führt ein Pfad rechts zur Straße und geradeaus zu den Feuersteinfeldern am Kleinen Jasmunder Bodden. Das Steinerne Meer besteht zu 90% aus Feuerstein, durchsetzt von Heide- und Wacholderinseln.

Zurück zum Ostseeküsten-Radweg und rechts nach Binz. Der Koloss von Prora rückt näher. Auf einer Länge von mehr als 4 km bauten nationalsozialistische Planer an der Prorer Wiek sechsgeschossige Bettenburgen. Aus den Ruinen des historischen Baudenkmals wird das moderne Ostseebad Prora. Frisch renoviert trifft auf baufällig. Bei der Jugendherberge am Prora-Zentrum biegen wir von der Straße Nordstrand in die Fünfte Straße rechts ab. Am Ende der Straße wenden wir uns links zum DB-Haltepunkt Prora. Auf der Proraer Allee geht's dann bis zum Bahnübergang an der Landesstraße. Gegenüber radeln wir links zu den Sportanlagen. An der Zufahrt zum Stadion der Einheit biegen wir rechts ein und radeln um das Stadion herum an den Schmachter See. An der Schmachterseestraße, sie zweigt von der Seepromenade ab, lohnt der Abstecher zur Seebrücke. Vor der Seebrücke befindet sich das markanteste Beispiel der Binzer Bäderarchitektur, das repräsentative Kurhaus.

Auf der Seepromenade radeln wir um die Bucht und erreichen am Ende den Pantower Weg. Wir biegen rechts ein, erreichen den Wald und radeln am Ufersaum entlang an den Bahnübergang der Rügenschen Bäderbahn. Hier fährt der Rasende Roland, ein Zug, der auf einem Schmalspurgleis von Putbus nach Göhren dampft. Hinterm Bahnübergang radeln wir nach Binz an den Bahnübergang bei der Rabenstraße. Wir halten uns rechts und gleich wieder rechts durch den Weg zur Straße Granitzhof. Am Bahnübergang geht's hinüber zur Granitzer Straße in den Wald, Richtung Jagdschloss Granitz. Am Torhaus des Jagdschlosses zweigt der Ostseeküsten-Radweg eigentlich links ab und führt gut beschildert durch den Forst zur Schutzhütte an der Kreuzeiche.

Wer aber lässt sich Schloss Granitz entgehen, den attraktivsten Besuchermagneten Rügens. Lassen wir uns davon anziehen und besuchen das Schloss mit Museum und seinen fünf zinnenbewehrten Türmen. Der majestätische Mittelturm erlaubt eine fantastische Aussicht über Wald und Meer. Zudem gibt's hier noch das Wirtshaus im Jagdschloss. Also mal einkehren in historischem Ambiente. Wir radeln weiter Richtung Garftitz, Haltepunkt des Rasenden Rolands. Beim Haus am Barfußpfad, kurz vor der Bahnlinie, biegen wir links auf den Weg ein und folgen ihm zu einer Kreuzung mitten im Wald. Hier stoßen wir wieder auf den Ostseeküsten-Radweg und folgen ihm zur mächtigen Kreuzeiche.

Gut ausgeschildert wenden wir uns nach rechts und queren bald erneut das Gleis des Rasenden Rolands. Links geht's zum nächsten Bahnübergang, wir queren auch diesen und radeln auf dem breiten Weg ins Ostseebad Sellin. Auf der Granitzer Straße erreichen wir das kleine Bernsteinmuseum. Hier ist der Anfang der prächtigen Wilhelmstraße zur Seebrücke Sellin am breiten Nordstrand mit super Sand. Abends ist die Seebrücke beleuchtet. Ein traumhafter Anblick.

Prorer Wiek
Ostseebad Binz
Sellin - Binz
Zatoka Pomorska - Pommersche Bucht
27
Sellin
B 196
Lancken-Granitz
Selliner See
Großsteingrab Burtevitz 3
Neuensiener See
Ziegensteine
Ostseebad Baabe
Sellin - Göhren
Herzogsgrab
Having
Neu Reddevitz
Teschenberg 38
Middelhagen
Göhren
Having und Reddevitzer Höft
Gutshaus Middelhagen
Großer Lobber See
Lobbe
Hagensche Wiek
Zickerniss
Gager
Zicker
Bakenberg 65
Zickerberg 66
Klein Zicker
Lotsenberg 35
Gager - Peenemünde
0 1,0 km

Tour 27

Genusstour 27

Sellin – Middelhagen

Dampfnostalgie am Selliner See

DAUER	2h
LÄNGE	22,7 km
HÖHENMETER	229 hm
SCHWIERIGKEIT	LEICHT
MIT ÖPNV ERREICHBAR	ja

Das erwartet dich …

Das Ostseebad Sellin an der Nostalgiebahn Rasender Roland hat die schönste Seebrücke Rügens und wartet mit einer Vielzahl von Villen im klassischen Stil der Bäderarchitektur an der Prachtpromenade Wilhelmstraße auf. Fauchend dampft der Rasende Roland, mit Speisewagen und Fahrradbeförderung, an uns vorbei von Putbus nach Göhren auf der Halbinsel Mönchgut. Beschaulich, traditionell zeigt sich die Landschaft zwischen Bodden und Ostsee und sorgen „för Hunger un Döst".

Genusstour 27

Start & Ziel & Anreise

Start in Sellin am Bahnhof Sellin-Ost. Haltepunkt des Rasenden Roland. Parkplatz am Bahnhof neben der B 196. Mit dem Auto von Stralsund auf der B96 über den Rügendamm Richtung Sassnitz. Bei Bergen auf Rügen auf die B 196 abbiegen und nach Sellin zum Bahnhof Sellin-Ost fahren. Parken am Bahnhof neben der B 196. Mit der Bahn von Stralsund nach Bergen auf Rügen. Dort umsteigen in die Linie N8 nach Putbus. Hier fahren die Züge des Rasenden Roland zum Bahnhof Sellin-Ost. Fahrräder werden transportiert.

Tourenbeschreibung

Dampfend wartet der Rasende Roland am Bahnhof Sellin-Ost auf sein Signal zur Weiterfahrt. Sein Rauch weht Richtung Meer. Auch wir radeln ans Ostseeufer an die Seebrücke des Ostseebades Sellin. An der Gästeinfo am Kreisverkehr wenden wir uns in die Ostbahnstraße und gelangen an die Luftbadstraße. Schräg rechts führt uns der Waldweg in den Selliner Forst aufwärts zur Kapelle Maria Meeresstern. Ihre idyllische Lage im Wald unmittelbar an der Steilküste macht die Kapelle besonders reizvoll. Die katholischen Christen Rügens feiern in der Kapelle den Pfingstmontag als ihren Inselwallfahrtstag. Am Parkplatz erreichen wir die Bergstraße und wenden uns nach links zur Wilhelmstraße, die Prachtstraße Sellins mit stilvollen Villen der Bäderarchitektur, kleinen Läden und Restaurants. Rechts geht's zur Seebrücke. Die nach historischen Vorbildern aus den goldenen Zwanzigerjahren rekonstruierte Seebrücke ist das Wahrzeichen von Sellin. 394 m ragt sie in die Ostsee. Am Ende der Seebrücke legen die Ausflugsschiffe nach Binz oder Göhren an. Die Tauchgondel nebenan begeistert immer wieder ihre Besucher mit einem Tauchgang zum Meeresboden. Unterhalb der Seebrücke liegt der ellipsenförmige Nordstrand mit feinem Ostseesand und reichlich Strandkörben zum Relaxen.

Auf der Wilhelmstraße geht's zurück an die Granitzer Straße. An der Ecke liegt ein kleines Bernsteinmuseum. Wir wenden uns nach rechts und zweigen an der Kreuzung links in die Hauptstraße ab. Rechter Hand biegen wir in die Westbahnstraße ein und radeln bald durch den Wald zum Bahnhof Sellin-West des Rasenden Roland. Wir queren die Gleise und stoßen auf die B196. Gegenüber führt uns die Seestraße zur Straße nach Altensien. Dort folgen wir dem Uferstäßchen am Selliner See nach Moritzdorf zur Fähre. Sie bringt uns hinüber zum Hafen von Baabe, wo wir im Abendsonnenschein draußen sitzen und den einlaufenden Schiffen zusehen.

Vom Hafen radeln wir am Ufer des Having entlang Richtung Alt-Reddevitz. In der Kurve geht's hinauf zum Balkon vom Mönchgut. Einfach Hinsetzen und den Blick über das Land und den Bodden genießen.

Mönchgut, so nennt sich die Halbinsel am südöstlichen Zipfel der Insel Rügen zwischen Baabe und Thiessow. Die schnuckeligen Dörfer am Bodden und Ostsee haben sich zum Ostseebad Mönchgut zusammengeschlossen.

Neben dem Campingplatz stoßen wir auf eine Straße, biegen links ein und nach wenigen Radumdrehungen rechts herum. Mariendorf nennt sich die Häuserzeile der wir nach links folgen und an ihrem Ende rechts nach Kleinhagen gelangen. Auf der Dorfstraße erreichen wir nun Middelhagen. Das reetgedeckte Schulmuseum steht mitten im Dorf an der Landesstraße. Auf ihr radeln wir nach Lobbe. Unterwegs kommen wir an einem Windschöpfrad vorbei, bevor der Radweg rechts um Lobbe herum an die Landesstraße führt. Wir radeln nach links und biegen gleich in den Göhrener Weg ein. Er führt uns an der Reha-Klinik vorbei zum Abzweig der Thiessower Straße. Hier liegt das Museumsschiff Luise vor Anker. Auf ihr geht's durch das Ostsseebad Göhren, an der Hövtstraße links haltend zur Strandstraße. Sie führt uns direkt zum Bahnhof Göhren (Rügen). Der Endbahnhof des Rasenden Roland.

Der Weg vor dem Fischrestaurant Die Räucherei führt zu einem Parkplatz. Wir umfahren ihn links und fahren dann nach rechts auf der Bernsteinpromenade parallel zum Strand. Hier trifft man sich zum Flanieren. Rechter Hand blicken wir zur Seebrücke. Der aussichtsreiche, asphaltierte Radweg durch den Küstenwald führt direkt nach Baabe. Dort geht's links zur Straße Am Kurpark, dann rechts am Kurpark entlang und am Café wieder rechts zum Strand. Zwischen Wald und Strand radeln wir nach Sellin. Neben den Restaurants am Südstrand geht's links durch den Wald hinauf zur Ostbahnstraße. Links einbiegen und wir sind gleich zurück am Bahnhof Sellin-Ost, unserem Startpunkt.

Ostseebad
Binz
Sellin - Binz
Zatoka Pomorska
- Pommersche
Bucht
Schwarzer See
Sellin
B 196
Lancken-Granitz
Selliner
See
28
Sellin - Göhren
Großsteingrab
Burtevitz 3
Neuensiener
See
Ostseebad Baabe
Ziegensteine
B 196
Herzogsgrab
Having
Neu Reddevitz
Alt
Reddevitz
Middelhagen
Göhren
Having und
Reddevitzer
Höft
38
Teschenberg
Gutshaus
Middelhagen
Großer
Lobber
See
Hagensche Wiek
Lobbe
Zickerniss
Gager
Bakenberg
65
Zicker
Zickerberg
66
Thiessow
Klein Zicker
Lotsenberg
35
Gager - Peenemünde
0
1,0 km
28

Aussichtstour 28

Baabe – Klein Zicker

Ostsee trifft Bodden. Übers Mönchgut zum südlichsten Zipfel der Halbinsel

DAUER	3h
LÄNGE	35,5 km
HÖHENMETER	240 hm
SCHWIERIGKEIT	LEICHT
MIT ÖPNV ERREICHBAR	ja

Das erwartet dich …

Die Halbinsel Mönchgut ragt als südöstlicher Zipfel Rügens weit ins Meer hinein. Ihre wilde Schönheit begleitet uns während der Tour, die zum wunderbar entlegenen Klein Zicker führt. In Groß Zicker stoßen wir uns die Köpfe im niedrigen, reetgedeckten Pfarrwitwenhaus, das von einem traumhaft schönen Garten umgeben ist. Es konkurriert mit dem Rasenden Roland, eine der beliebtesten Sehenswürdigkeiten auf Rügen. Zischend und pfeifend erleben wir ihn zwischen Baabe und Göhren.

Aussichtstour 28

Start & Ziel & Anreise

Start im Ostseebad Baabe am Bahnhof Baabe der Rügenschen BäderBahn. Parkplatz am Bahnhof neben der B 196. Mit dem Auto von Stralsund auf der B 96 über den Rügendamm Richtung Sassnitz. Bei Bergen auf Rügen auf die B 196 abbiegen und nach Baabe zum Bahnhof Baabe fahren. Parken am Bahnhof neben der B 196. Mit der Bahn von Stralsund nach Bergen auf Rügen. Dort umsteigen in die Linie N8 nach Putbus. Hier fahren die Züge des Rasenden Roland nach Baabe. Fahrräder werden transportiert.

Tourenbeschreibung

Der Bahnhof von Baabe ist Start- und Zielpunkt unserer Tour. Hier halten schnaufend und zischend die Nostalgiezüge des Rasenden Roland. Rügens historische Schmalspurbahn dampft mit 30 km/h durch den schönen Inselsüden. Mit etwas Glück rollt eines der Dampfungetüme gerade in den Bahnhof ein, wenn wir uns auf den Weg machen.

Wir queren gleich die Gleise und radeln auf dem Schutzdeich am Selliner See entlang zur Bollwerkstraße von Baabe. Rechts gehst nun zum Baaber Hafen. Einige Boote schaukeln träge im Wasser, während wenige Meter weiter die Fähre nach Moritzdorf ihren Dienst tut. Ein Fährmann rudert Personen und Fahrräder ans knapp 50 m entfernte jenseitige Ufer. Wir benötigen seine Dienste allerdings nicht, sondern schwenken an der Kaimauer nach links und radeln am Ufer entlang durch eine Landschaft von atemberaubender Schönheit. Es geht hinauf ins hügelige Mönchgut. Am Balkon vom Mönchgut, einem schönen Aussichtpunkt, blicken wir über Wasser, Wald und Wiesen. Gleich rollen wir hinunter am Campingplatz vorbei an die Straße nach Alt Reddevitz und fahren ins winzige Dorf hinein.

Am Gasthaus Kiesow's Reuse, hier trifft erlebte Gastlichkeit auf Gemütlichkeit, wenden wir uns nach links und radeln über Mariendorf nach Middelhagen zur Landesstraße. Rechts geht's an der Kurverwaltung des Ostseebades Mönchgut vorbei zur Dorfkirche St. Katharina mit wertvollem Altar, dessen filigrane Schnitzkunst bewundernswert ist. Im Gutshaus Mittelhagen, Dorfstraße 11, gibt's einen urigen Weinkeller und Wein aus eigenem Anbau.

Der Radweg an der Straße führt uns Richtung Lobbe zum Windschöpfrad. Vor Lobbe geht's rechts auf den Deich, an Lobbe vorbei und hin zur Straße am Strand der Pommerschen Bucht. Auf der Strandseite der Landesstraße führt uns der Radweg rechts erst am Campingplatz entlang, dann abseits der Straße durch den knorrigen Kiefernwald nach Thiessow. Hier ignorieren wir alle Abzweige und gelangen zur Strandstraße, die uns wiederum an die Hauptstraße führt.

Hier führt die Route links in Richtung Klein Zicker weiter. Nur wenige Pedaltritte nach dem Haus des Gastes nutzen wir in einer Rechtskurve den geradeaus führenden Weg auf den Deich. Er führt wieder zur Hauptstraße. Nun rollen wir über die schmale Landverbindung am Greifswalder Bodden nach Klein Zwicker, dem entlegensten Zipfel der Halbinsel. Am Ende der Dorfstraße führt ein Fußweg zum nahen Aussichtspunkt mit Blick nach Groß Zwicker und toller Sicht aufs Meer. Vom Zipfel geht's auf gleichem Weg zurück nach Thiessow und biegen dort erst nach der Feuerwehr von der Hauptstraße in die Strandstraße ein. Wieder geht's durch den Küstenwald Richtung Lobbe bis zum Abzweig nach Groß Zwicker.

Wir queren die Landesstraße und radeln nach Groß Zwicker. Im Dorf halten wir uns rechts zum Pfarrwitwenhaus. Wie ein Zuckerhut präsentiert sich uns das reetgedeckte, weiße Haus, eines der beliebtesten Fotomotive auf Mönchgut. Das kleine Museum wird auch für Ausstellungen genutzt.

Wir radeln zurück zur Landesstraße und zum Weg im Wald oberhalb des Großen Strand. Nach links erreichen wir Lobbe und biegen hinterm Campingplatz in der Kurve rechts in den Göhrener Weg ein. Er führt uns an der Reha-Klinik vorbei nach Göhren. Dort passieren wir die Sportanlage und radeln auf der Straße Am Törf um idyllische Teiche herum. An der Querstraße geht's nach links und auf dem Radweg rechts durch den Wald zur B 196. Diese queren wir vorsichtig und stoßen auf die Straße nach Göhren. Auch hier geht's geradeaus bis an den Bahnübergang des Rasenden Roland. Eventuell haben wir Glück und er kommt pfeifend durch den Wald. Weiter radeln wir durch die Baaber Heide ins Ostseebad Baabe. Am Waldrand erreichen wir das Ostseebad und fahren immer noch auf dem Göhrener Weg direkt auf den Bahnhof Baabe an der B 196 zu. Ziel erreicht.

Tilzow
B 196
Zirkow
Sehlen
Großsteingrab
Posewald 1
Nistelitz
Putbus
Großsteingrab
Lonvitz 2
Güstelitz
29
Großsteingrab
Lonvitz 1
Leib u. Seele
Putbus
Lauterbach
Kasnevitz
Neuendorf
Tempelberg
20
0
1,0 km
Baabe - L
Lauterbach - Baab

29

Von Sellin nach Putbus

Das Verräterhaus an der Stresower Bucht

DAUER	2h
LÄNGE	24,2 km
HÖHENMETER	222 hm
SCHWIERIGKEIT	LEICHT
MIT ÖPNV ERREICHBAR	ja

Das erwartet dich ...

Das Ostseebad Sellin hat wohl die schönste Seebrücke Rügens. Dorthin führt die Wilhelmstraße gesäumt von Villen im Stil der Bäderarchitektur. Der dampfenden und pfeifenden Schmalspurbahn Rasender Roland begegnen wir gleich in Sellin und am Schluss der Tour in der Weißen Stadt Putbus. Am Hafen Lauterbach genießen wir den Blick über den Rügischen Bodden zur Insel Vilm und erreichen Putbus mit italienischem Flair, Schlosspark, Circus und strahlend weißen Häusern mit Rosenstöcken davor.

29

Kultour

Start & Ziel & Anreise

Start in Sellin in der Granitzer Straße beim Bernsteinmuseum. Mit dem Auto von Stralsund auf der B96 nach Bergen auf Rügen. Dort auf die B196 abbiegen und nach Sellin zum Bahnhof Sellin-Ost fahren. Parken am Bahnhof. Mit dem Rad auf der Seeparkpromenade Richtung Seebrücke zur Granitzer Straße. Mit der Bahn von Stralsund nach Bergen auf Rügen. Dort umsteigen in die Linie N8 nach Putbus. Hier fahren die Züge des Rasenden Roland zum Bahnhof Sellin-Ost. Fahrräder werden transportiert. Mit dem Rad auf der Seeparkpromenade Richtung Seebrücke zur Granitzer Straße.

Tourenbeschreibung

Wir finden uns am Bernsteinmuseum Sellin ein. Es liegt am Anfang der Prachtstraße, der Wilhelmstraße, zur Seebrücke. Entlang der Granitzer Straße radeln wir zum Bahnhof Sellin-Ost, hier hält der Rasenden Roland, und weiter über den Parkplatz. Am Parkplatzende geht's links unter der B196 durch und rechts zum Hafen Sellin. Ein Stück radeln wir am Selliner See entlang, dann geht's neben der B196 zur Siedlung an der Seestraße. Wir stoßen auf die Straße nach Altensien und biegen ein. Im Dorf Altensien drehen sich die Flügel einer alten Bockwindmühle. Sie liegt rechts am Dorfende und wurde nach historischem Vorbild wieder aufgebaut. Geradeaus erreichen wir den Parkplatz vor Moritzdorf und biegen nach rechts auf den Weg ein. Er führt uns nach Seedorf an den Hafen. Der erstreckt sich zwischen dem Neuensiener See und der Bucht Having. Auf der großzügigen Terrasse vom Gasthof Drei Linden mit Blick auf den Hafen gibt es Fischsuppe, Dorsch, Matjes – wie man es sich an der Ostseeküste vorstellt.

Über die Brücke verlassen wir Seedorf und radeln durch das Dorf Preetz an den einzelnen Häusern von Burtevitz entlang zur Wegekreuzung vor dem Wald. Hier finden wir an einer Baumgruppe eines von vier gut erhaltenen Großsteingräbern im nahen Umkreis. Wir halten uns links am Waldsaum und stoßen auf ein weiteres Großsteingrab. Die Ziegensteine bilden den Schluss der vier megalithischen Grabanlagen am Küstenweg. An der Wegeverzweigung halten wir uns links, passieren Klein Stresow und erreichen Groß Stresow an der Stresower Bucht.

Ein Schlenker nach rechts führt uns zum restaurierten, reetgedeckten Verräterhaus. Es erinnert an die Schlacht 1715 zwischen Preußen, Dänemark und Schweden im Nordischen Krieg bei Groß Stresow. Vor dem Museum steht die überlebensgroße Statue des preußischen Königs Friedrich Wilhelm I.

Links geht's nun an das Ufer der Stresower Bucht nach Muglitz. Gegenüber in der Bucht erkennen wir die Insel Vilm mit urwüchsigen Buchen- und Eichenwäldern. Von hier schlängelt sich der Ostseeküsten-Radweg landeinwärts nach Vilmnitz. Wir erreichen Vilmnitz auf der Vilmnitzer Dorfstraße und radeln, immer links haltend, durch das Dorf. Eine schöne Allee führt uns nun nach Putbus-Lauterbach zum Bahnhof an der Mole am Hafen. Am Prellbock endet das Gleis der Regionalbahn und des Rasenden Roland. Links liegen Segelschiffe im Yachthafen, rechts im Stadthafen starten wir zu einer Schiffstour oder bummeln am Pier.

Entlang der Bahnlinie erreichen wir die Kreisstraße und radeln nach Putbus hinein. Wir stoßen auf die Bahnhofstraße und biegen links ein. Rechter Hand ragt der Obelisk mitten im Circus in den Himmel, so nennt sich das Rondell umgeben von weißen Häusern und Rosenstöcken davor. Linker Hand führt die Kastanienallee durch den Schlosspark zum Puppen- und Spielzeugmuseum und zum Restaurant Leib & Seele im Marstall mit angenehmer Atmosphäre.

Autoren Tipp

Pfeifend zum Jagdschloss Granitz: Von Putbus fährt der Rasende Roland zum Jagdschloss am Tempelberg. Wer möchte kann nach Anmeldung im Führerstand der Dampflok mitfahren und Fahrer sowie Heizer über die Schulter schauen. Bei schönem Wetter ist meist ein offener Wagen mit auf der Fahrt. Einst der luxuriös ausgestattete Jagdsitz der Putbuser Fürstenfamilie, ist das Schloss heute der attraktivste Besuchermagnet Rügens mit fünf zinnenbewehrten Türmen, Prunkräumen und Nervenkitzel beim Besteigen des 38 m hohen Mittelturms.

Dreschvitz
Bergen auf Rügen
B 196
Tilzow
Sehlen
Sehrower Bach
B 96
Samtens
Jagdschloss Karnitz
Güstelitz
Putbus
Kniepower See
Kasnevitz
Neuendorf
Kreidebruch
Garz
Ernst-Moritz-Arndt Museum
Tempelberg 20
Garzer See
30
Poseritz
Neparmitz
Puddemin
Groß Schoritz
Rügischer Bodden
Mellnitz-Üselitzer Wiek
Burgwall Wallberg
Glewitzer Wiek
Schusterberg 22
Stahlbrode
0 1,0 km

30 Kultour

Putbus – Poseritz

Eine Landschaft, die den politischen Publizisten Ernst-Moritz-Arndt prägte

DAUER	2h 15min
LÄNGE	26,6 km
HÖHENMETER	265 hm
SCHWIERIGKEIT	LEICHT
MIT ÖPNV ERREICHBAR	ja

Das erwartet dich ...

Wir verlassen die Weiße Stadt Putbus mit Orangerie und Wildgehege im herrlichen Schlosspark und radeln auf der ehemaligen Trasse der Rügenschen Kleinbahn durch dunkle Wälder und über bunte Wiesen nach Garz, in die älteste und kleinste Stadt Rügens. Das Ernst-Moritz-Arndt-Museum präsentiert uns Leben und Wirken des berühmten Sohnes der Stadt, streitbarer Gegner Napoleons und Verfasser patriotischer Schriften. Wir kommen in Groß Schoritz an seinem Geburtshaus vorbei.

Kultour 30

Start & Ziel & Anreise

Start in Putbus am Circus.
Mit dem Auto von Stralsund auf der B96 nach Bergen auf Rügen. Dort auf die B196 abbiegen und in Bergen-Süd auf die Landesstraße nach Putbus fahren. Am Circus links in die Marienstraße zum Bahnhof. Mit dem Rad auf der Bahnhofstraße zum Circus am Schlosspark.
Mit der Bahn von Stralsund nach Bergen auf Rügen. Dort umsteigen in die Linie N8 nach Putbus. Mit dem Rad auf der Bahnhofstraße zum Circus am Schlosspark.

Tourenbeschreibung

Putbus ade! Vom Circus-Rondell, mit dem Obelisk in der Mitte, radeln wir auf der Alleestraße an der Stadtinfo vorbei, links ist die Zufahrt zur Orangerie im Schlosspark, zum Markt Platz mit dem Ehrenmal umgeben von Bäumen. Rechts biegen wir ein und verlassen den Platz am Rathaus rechts zur August-Bebel-Straße.

An der Straßenverzweigung wenden wir uns zum Darsbander Weg. Nach ca. 200 m quert ein unbefestigter Radweg die Straße. Wir biegen links ein und radeln auf der ehemaligen Bahntrasse der Rügenschen Kleinbahn nach Güstelitz. Hier geht's erst mal entlang der Kreisstraße und dann im Rechtsbogen durch den Wald nach Ketelshagen. Alle Abzweige, rechts wie links, ignorieren wir. Einsam und still wird's um uns herum. Wald und Wiesen ziehen im Wechsel an uns vorbei. Die Schutzhütte am Waldrand vor dem Golfplatz des Golf-Centrums Schloss Karnitz lässt uns rasten. Der Ostseeküsten-Radweg führt am Golfplatz entlang unterhalb des 34 m hohen Kanonenberg Richtung Garz. Bei der Siedlung Ausbau umgeht der Radweg links die Häuser und stößt auf die Landesstraße.

Wir radeln nach Garz hinein, in die älteste Stadt Rügens, zur Herz-Jesu-Kirche. Polnische Landarbeiter sammelten einst Spenden für den Bau ihrer katholischen Kirche auf protestantischem Boden. Hier beginnt rechts der Straße am Parkplatz der Radweg zur Straße Schleuse. Wir wenden uns nach links und biegen an der Wallstraße rechts zum Burgwall der ehemaligen Slawenburg ein. Am Querweg können wir zum Ernst-Moritz-Arndt-Museum links fahren, es liegt nur wenige Radumdrehungen in der Straße An den Anlagen entfernt. Wechselnde Ausstellungen präsentieren Werk und Wirkung des streitbaren Publizisten und Schriftstellers.

Rechts radeln wir am Seeufer entlang und queren am Dorf Wendorf die Landesstraße. Zwischen den Häusern radeln wir aufs Feld hinaus und dann rechts auf ungefestigtem Weg wie durch eine Allee an ein Asphaltsträßchen. Es führt uns links nach Dumsevitz und vor den Häusern rechts ins Dorf Schabernack. Hinter den wenigen Häusern wenden wir uns nach rechts, nun auf unbefestigtem Weg und stoßen auf die Straße nach Groß Schoritz. Dort steht am Straßenrand ein repräsentatives Gutshaus, das Geburtshaus von Ernst-Moritz-Arndt, dem Patrioten und Schriftsteller.

Wir stoßen auf die Landesstraße und radeln ins nahe Hafendorf Puddemin, mit reetgedeckten Häsern inmitten wunderschöner Natur gelegen. Links geht's an den Puddeminer Hafen, dann rechts auf den Weg zwischen den Feldern zur Kreisstraße nach Neparmitz. Die Kreisstraße führt uns zur Landesstraße und auf ihr erreichen wir Poseritz. Auf einer Anhöhe ragt rechts der Kirchturm der Kirche St. Marien, sieht aus wie eine Zipfelmütze, in den Himmel. Die Dorfkirche ist ungewöhnlich groß mit barockem Altar und einer Kanzel im Stil des Rokoko. An der Schutzhütte neben der Stralsunder Straße rasten wir.

Autoren Tipp

Ernst-Moritz-Arndt-Museum: Wechselnde Ausstellungen präsentieren Werk und Wirkung des streitbaren Publizisten, Universitätsprofessors und Schriftstellers Ernst Moritz Arndt. Sein Schaffen bietet reichlich Material für vielfältige Einblicke und eine kritische Auseinandersetzung mit politischer Geschichte, Publizistik und Literatur. Weitere Ausstellungen informieren über die Kulturgeschichte der Stadt Garz und der Insel Rügen. www.arndt-museum.de, An den Anlagen 1 in Garz.

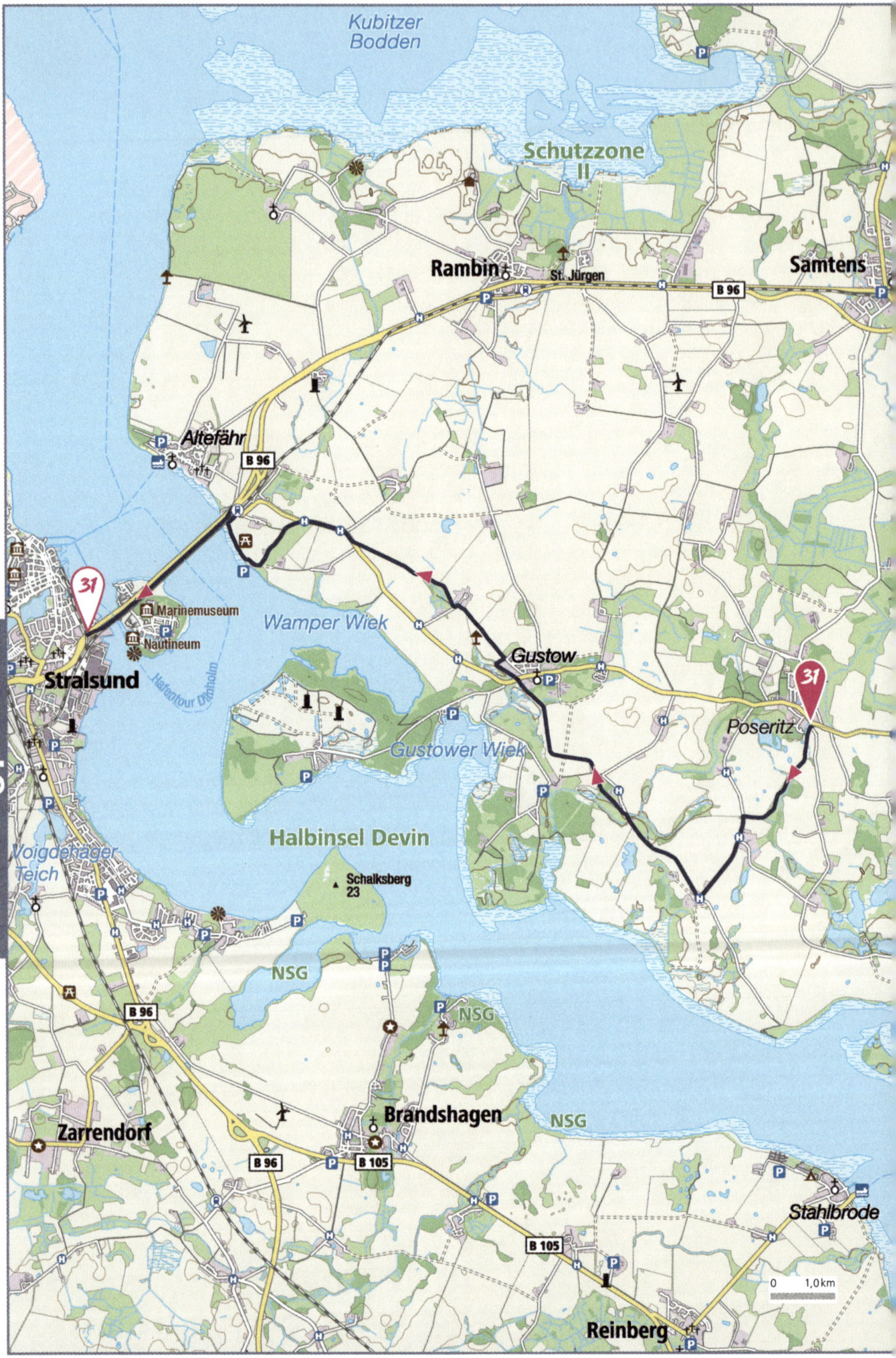
Kubitzer
Bodden
Schutzzone
II
Rambin
St. Jürgen
Samtens
B 96
Altefähr
B 96
Stralsund
31
Marinemuseum
Nautineum
Wamper Wiek
Hafentour Dänholm
Gustow
31
Poseritz
Gustower Wiek
Halbinsel Devin
Schalksberg
23
Voigdehager
Teich
NSG
NSG
B 96
Zarrendorf
Brandshagen
NSG
B 96
B 105
Stahlbrode
B 105
Reinberg
0
1,0 km

Poseritz – Stralsund

Der rügensche Süden. Sanft gewelltes Land.

DAUER	1h 30min
LÄNGE	17,9 km
HÖHENMETER	125 hm
SCHWIERIGKEIT	LEICHT
MIT ÖPNV ERREICHBAR	nein

Das erwartet dich ...

Auf der alten Trasse der Rügenschen Kleinbahn radeln wir durch den landwirtschaftlich geprägten Süden der Insel Rügen. Felder, Wald und Wiesen begleiten uns zur Halbinsel Prosnitz an die Prosnitzer Schanze am Strelasund. Auf der Insel Dänholm am Rügendamm erwarten uns das Marinemuseum mit originalen Marineschiffen und Hubschraubern sowie das Nautineum, wo im Freigelände das Tauchboot Shark Observer, das Unterwasserlabor Helgoland und Fanggeräte der Küstenfischer ausgestellt sind.

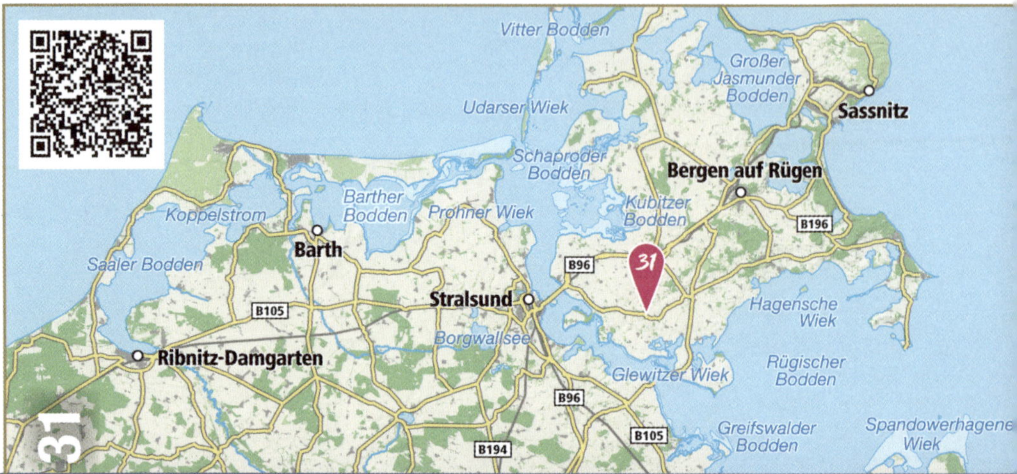

Start & Ziel & Anreise

Start in Poseritz an der Verzweigung der Stralsunder Straße am Ortsende Richtung Garz.
Mit dem Auto von Stralsund auf der B96 über den Rügendamm und gegenüber an der Ausfahrt Altefähr abbiegen. Auf der L296 zum Bahnhof Altefähr. Dort auf die L29 über Gustow nach Poseritz ans Ortsende fahren, wo sich die Stralsunder Straße verzweigt.

Tourenbeschreibung

An der Stralsunder Straße in Poseritz satteln wir auf. Hier am südlichen Ende des Dorfes führte einst die Bahntrasse der Rügenschen Kleinbahn entlang von Putbus nach Altefähr. Heute ist die Trasse Teil des Ostseeküsten-Radweges. Still und einsam führt er über das sanft gewellte Land zur Straße beim Glutzow Hof. Am Sträßchen geht's also links am Glutzow Hof vorbei nach Venzvitz. Hier geht's im spitzen Winkel rechts Richtung Sissow. Vor Sissow sehen wir einen Hof beim kleinen Wäldchen. Gleich hinterm Wäldchen zweigt links ein schmaler Weg ab, der uns an Sissow vorbei zu einer Wegekreuzung führt.

Wer sich die Prosnitzer Schanze ansehen möchte, radelt links am Hotel und Gutshaus Kajan entlang rechtshaltend an den Südzipfel der Halbinsel zur Schanze am Strelasund. Das letzte Stück ist ein Fußweg am Ufer des Strelasund.

Während des Dreißigjährigen Krieges ließ hier der kaiserliche Feldherr Albrecht von Wallenstein 1628 an der strategisch wichtigen engsten Stelle des Strelasunds die Prosnitzer Schanze errichten, um die Insel gegen die Dänen zu verteidigen.

Am Sträßchen zur Halbinsel Prosnitz führt der Ostseeküsten-Radweg geradeaus, dann über die Wegekreuzung an den Ortsrand von Gustow. Dort queren wir die Landesstraße und radeln zum Nesebanzer Weg. Links geht's nun auf der schönen Allee nach Nesebanz. Gleich nach der scharfen Linkskurve biegen wir rechts auf den schmalen Weg ein, der sich erst durch das Waldstücken schlängelt und dann schnurgerade an die Landesstraße führt. Ein Stück geht's an ihr entlang, dann nehmen wir den Abzweig zur Grahler Fähre links der Straße. Dort wird das Sträßchen zu einem Weg, der uns am Strelasund entlang zum Bahnhof Altefähr bringt. Wir unterfahren die Bahnlinie und queren die Straße an der Einmündung. Entlang der Landesstraße radeln wir über den Rügendamm zur Insel Dänholm.

Hier erwarten uns zwei Museen. Im Marinemuseum selbst erfahren wir einiges über die Marine und zur Gorch Fock. Torpedoschnellboote und Marinehubschrauber stehen im Außenbereich. Weiter hinten auf Dänholm liegt das Nautineum, ein Museum zur Fischerei- und Meeresforschung mit Exponaten im Außen- und Innenbereich. Ein absolut tolles Museum, auch architektonisch betrachtet.

Zurück an der Landesstraße radeln wir über die alte Zugbrücke am Strelasund und erreichen das Festland am Platz des 17. Juni in der UNESCO-Welterbe-Hansestadt Stralsund.

Hafen von Stralsund

Kreidebruch
Garz
Rosengarten
Krakvitz
Tempelberg 20
Zeiten
Poseritz
Dumsevitz
Neparmitz
Puddemin
Groß Schoritz
Rügischer Bodden
Mellnitz-Üselitzer Wiek
32
Zudar
Glewitzer Wiek
Losentitz
Poppelvitz
Zicker
Il Rusitco
Maltzien
Schusterberg 22
Stahlbrode
Grabow
Greifswalder Bodden
Kalkvitz
B 105
Gristow
0 1,0 km

32

Natour

Halbinsel Zudar

Die einsame Landschaft am südlichsten Punkt Rügens

DAUER	2h
LÄNGE	24,2 km
HÖHENMETER	143 hm
SCHWIERIGKEIT	LEICHT
MIT ÖPNV ERREICHBAR	nein

Das erwartet dich ...

Die Halbinsel Zudar am Rügischen Bodden konnte sich ihren verträumten Charme vielerorts bewahren. NaturliebhaberInnen schätzen das Naturschutzgebiet Schoritzer Wiek. Am Gelben Strand brüten unzählige Schwalben an der Steilküste aus Lehm und Sand. Ein Höhepunkt jeden Ausflugs ist der Palmer Ort. Ein landschaftlich wunderbar und kaum berührtes Fleckchen Erde mit tollem Strand. Tja, da gibt es den guten, jedoch auch nicht immer geöffneten Italiener in Losentitz. Im Il Rustico serviert uns der Koch Pizza und Pasta, wie man sie in Italien erwarten würde.

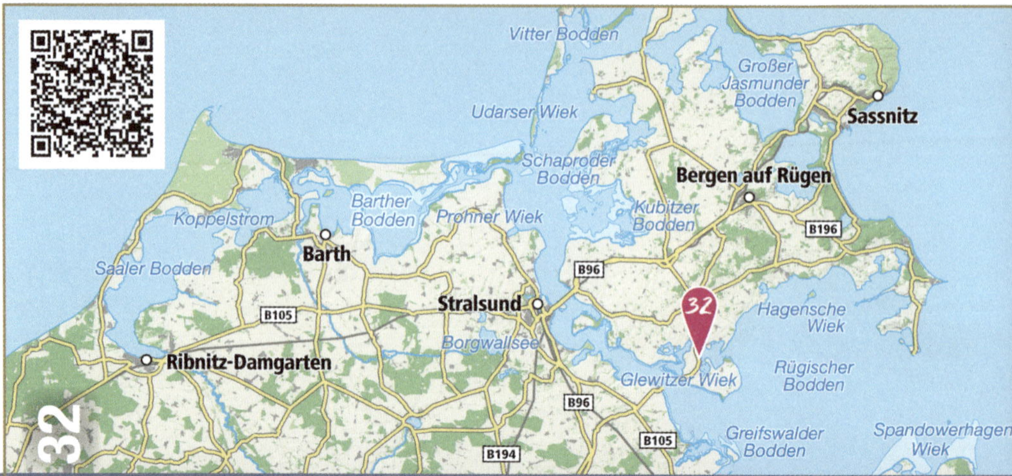

Natour 32

Start & Ziel & Anreise

Start im Ort Zudar bei der Kirche St. Laurentius am Schoritzer Wieck.
Mit dem Auto von Stralsund auf der B 96 Richtung Bergen auf Rügen. In Samtens an der Ausfahrt Garz Richtung Garz fahren und weiter auf der L 30 nach Zudar. Parken an der Kirche St. Laurentius in der Dorfstraße links der Hauptstraße.

Tourenbeschreibung

Vom Trubel der Urlaubsströme auf Rügen spüren wir hier nichts. Lassen wir uns also vom einzigartigen Zauber der Halbinsel einfangen und radeln von der Kirche St. Laurentius, die Klänge ihrer Orgel sorgen für Faszination, zur Hauptstraße am Kreisverkehr. Links fahren wir auf einem schönen Radweg unter Bäumen Richtung Losentitz. An der Straßenverzweigung biegen wir nach Maltzien ab und tauchen ein in die ruhigen Dorfwelten von Maltzien, Poppelvitz oder Zicker. Tief schneidet sich hier das Schoritzer Wieck in das flache Land der Halbinsel.

Besonders NaturliebhaberInnen schätzen das Naturschutzgebiet Schoritzer Wiek und die Vogelinsel Tollow, ganz nah am Ufer vor Poppelvitz. In der Ferne sehen wir bereits das Dorf Zicker. Dort erwartet uns ein wunderschönes Herrenhaus mit Ferienwohnungen, in mitten eines riesigen Parks. Sonst ist es wie in allen Dörfern: Landwirtschaft, ein paar Höfe, viel Natur.

Asphaltsträßchen werden wir kaum finden. Plattenwege sind hier die Regel. Wer zum Campingplatz Pritzwald möchte, folgt der Straße durch Zicker in den Norden der Halbinsel.

Der Plattenweg am Anfang des Dorfes führt uns jedoch nach Grabow. Dort wenden wir uns nach links, schnurgerade zum Gelben Ufer, an das Schwalbennistgebiet. Unser Weg führt eine 15 m hohe Steilküste aus Lehm und Sanden hinunter. Zurück in Grabow geht's gleich links an die Küste zum südlichsten Punkt Rügens. Palmer Ort ist vor allem für seinen Küstenschutzwald bekannt und seinem weitläufigen Strand. Ein Sträßchen führt durch den Wald am Grabower Oberfeuer vorbei an den Strand. Am Ufer weißt das Grabower Unterfeuer Schiffen den Weg durch den Strelasund.

Bald wendet sich das Sträßchen landeinwärts nach Maltzien. Wir radeln im Ort durch die Rechtskurve und biegen dann nach Losentitz ab. Links führt die Straße zur Glewitzer Fähre. Bevor wir dorthin kommen, halten wir am Il Rustico. Eventuell hören wir den Koch in seiner Küche singen. Der wohl beste Italiener auf Rügen, meinen seine Stammgäste. Schnell radelt es sich entlang der Landesstraße zur Fähre. Wer will, kann aufs Festland wechseln und nach Stralsund radeln. Wir biegen aber rechts ab nach Glewitz, ans Ende der Welt. Die Landzunge schiebt sich zum Vogelhaken hinaus zwischen Strelasund und Glewitzer Wiek. Mit Glück ziehen Seeadler ihre Kreise überm Glewitzer Wieck. Wir wenden und radeln zurück nach Zudar, zum Ausgangspunkt der Radtour.

Palmer Ort – der südlichste Punkt von Rügen

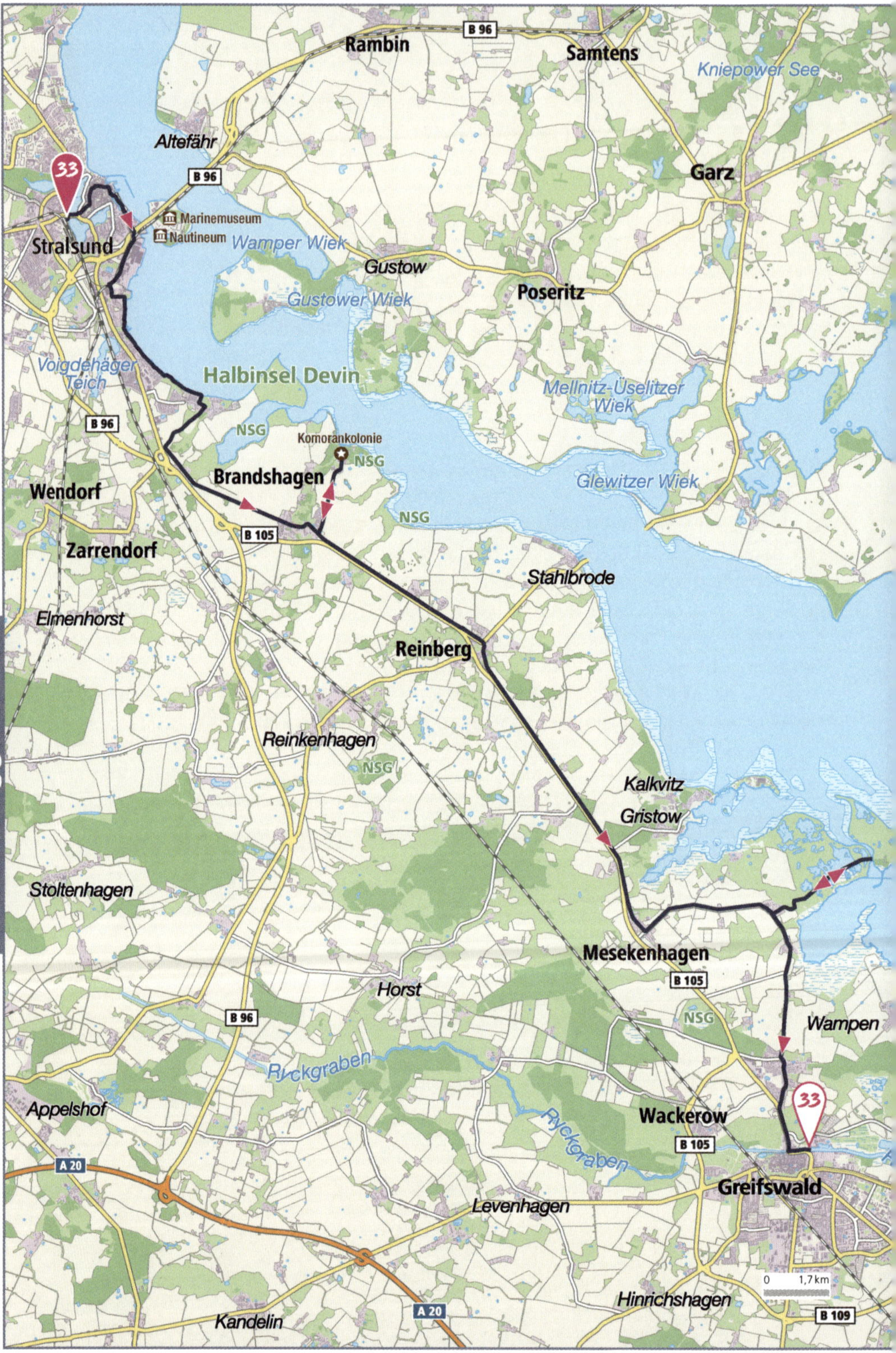

33
Rambin
Samtens
B 96
Kniepower See
Altefähr
B 96
Garz
Marinemuseum
Nautineum
Stralsund
Wamper Wiek
Gustow
Poseritz
Gustower Wiek
Voigdehäger Teich
Halbinsel Devin
Mellnitz-Üselitzer Wiek
B 96
NSG
Komorankolonie
NSG
Brandshagen
Glewitzer Wiek
Wendorf
NSG
B 105
Zarrendorf
Stahlbrode
Elmenhorst
Reinberg
Reinkenhagen
NSG
Kalkvitz
Gristow
Stoltenhagen
Mesekenhagen
B 105
Horst
NSG
Wampen
B 96
Ryckgraben
33
Appelshof
Wackerow
Ryckgraben
B 105
A 20
Greifswald
Levenhagen
0
1,7 km
Hinrichshagen
A 20
B 109
Kandelin

Stralsund – Greifswald

Wo die Kormorane ihr Gefieder trocknen und Graureiher fischen

DAUER	4h 15min
LÄNGE	50,8 km
HÖHENMETER	339 hm
SCHWIERIGKEIT	MITTEL
MIT ÖPNV ERREICHBAR	ja

Das erwartet dich ...

Stattliche Bürgerhäuser aus der Hansezeit in der zum UNESCO-Welterbe zählende Altstadt Stralsunds. Im Naturschutzgebiet Kormorankolonie am Strelasund haben sich über 200 Kormoranpaare und 100 Graureiherpaare angesiedelt. Richtung Greifswald bevölkern Wasser- und Watvögel die Flachwassergründe im Naturschutzgebiet an der Insel Koos. Den Mittelpunkt Greifswalds Altstadt bildet der von Giebelhäusern und Cafés gesäumte Marktplatz. Caspar David Friedrich, berühmter Sohn der Stadt, hat sie in vielen seiner Gemälde festgehalten.

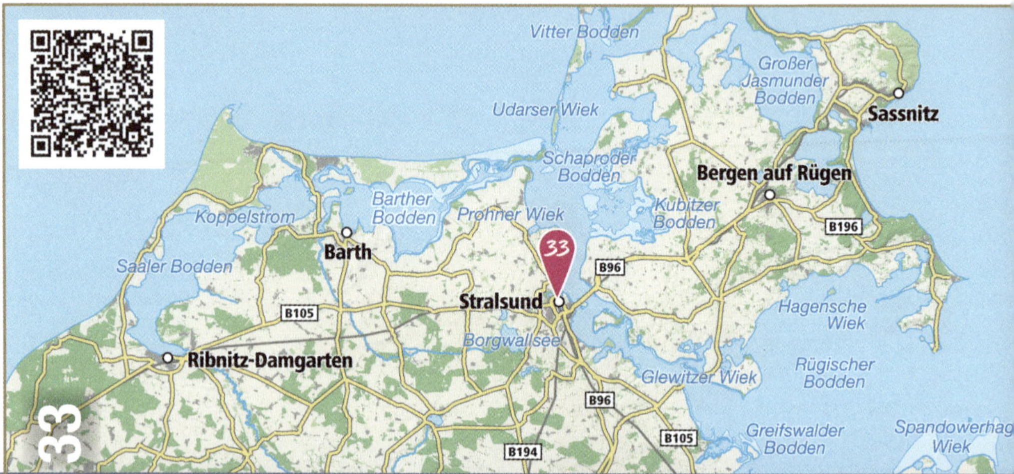

Kultour 33

Start & Ziel & Anreise

Start in Stralsund am Hauptbahnhof. Parken am Bahnhof.
Mit dem Auto von Rostock auf der B 105 Richtung Stralsund. Hinter Pantelitz links auf die K 26 abbiegen und geradeaus am Ostseecenter vorbei zum Hauptbahnhof Stralsund fahren. Dort parken.
Mit der Bahn von Rostock Hauptbahnhof nach Stralsund Hauptbahnhof, oder von Berlin Hauptbahnhof nach Stralsund.

Tourenbeschreibung

Vom Bahnhof radeln wir über die Landverbindung in die Altstadt von Stralsund. Die von Wasser umschlossene Altstadtinsel gehört zum UNESCO-Weltkulturerbe. Die Hansestadt war im 14. Jahrhundert neben Lübeck die bedeutendste Stadt im gesamten Ostseeraum. Von dieser Blütezeit der Stadt zeugen stattliche Bürgerhäuser. Sie beeindrucken mit ihren unterschiedlichen Giebelformen im gotischen und barocken Stil. Der Tribseer Damm führt zur Kreuzung vor der Altstadt. Wir radeln geradeaus durch die Tribseer Straße zum Neuen Markt mit der imposanten Backsteinkirche St. Marien.

Vom Parkplatz zweigt hinten links die Mönchstraße ab, der wir zur Ravensberger Straße folgen. Hier biegen wir ein zum Alten Markt an der Nikolaikirche. Neben der Kirche führt die Semlower Straße direkt an die Hafeninsel. Gegenüber sehen wir das Ozeaneum und links am Kai liegt der Dreimastsegler und Museumsschiff Gorch Fock I. Vor dem Kanal radeln wir rechts am Kanal entlang zur Brücke an der Langenstraße. Hier geht's über die Brücke und rechts am Parkhaus vorbei zum Bahnübergang der Hafenbahn, wir queren ihn. Auf der Straße An der Hafenbahn unterfahren wir die Straßenbrücke am Platz des 17. Juni. Hier treffen wir auf den Ostseeküsten-Radweg, der von Rügen kommt.

Wir unterfahren die Bahnbrücken am Bahnhof Stralsund-Rügendamm und wenden uns nach rechts entlang der Straße An der Werft. Linker Hand liegen die MV-Werften, die uns zur Straße Franzenshöhe begleiten. Wir biegen links ein und gleich rechts in den Bergener Weg. Am Sassnitzer Weg radeln wir links zum Hafen des Fischervereins am Strelasund.

Nun führt der Ostseeküsten-Radweg am Ufer entlang über den Sportboothafen Andershof nach Devin. Am Park in Devin wendet sich der Radweg landeinwärts zur Dorfstraße, der wir kurz nach links folgen. Hier steht das denkmalgeschützte Kurhaus Devin mit einem gemütlichen Restaurant. Gleich biegen wir in den Teschenhäger Weg ein, der uns bis vor die Anschlussstelle mit der B96 führt. Wir biegen nach links in die Brandshäger Straße ein und radeln nach Brandshagen. Auf der Dorfallee geht's durch das Dorf an der Brandshäger Marienkirche vorbei zur Niederhofer Straße. Hier machen wir einen Abstecher zur Kormorankolonie in Niederhof. Die Niederhofer Straße führt uns direkt zum Naturschutzgebiet, einst der Park des Niederhofer Herrenhauses. Vom Parkplatz führt ein Fußweg zu den Kormoranen.

Zurück in Brandshagen radeln wir links nun einige Kilometer an der B105 entlang nach Reinberg. Auf der Lindenallee fahren wir durch den Ort zurück an die B105 und weiter nach Mesekenhagen. Eigentlich führt der offizielle Ostseeküsten-Radweg entlang der B105 nach Neuenkirchen. Abwechslungsreicher ist jedoch unsere Route über Groß Karrendorf nach Neuenkirchen.

An der Karrendorfer Straße geht's nach links der Küste entgegen nach Groß Karrendorf. Dort biegen wir ebenfalls links in die zweite Straße ein, hier heißt alles Dorfstraße, und erreichen den kleinen Parkplatz am Naturschutzgebiet. Links führt uns der Inselweg über Salzwiesen, Moor und Überflutungszonen in eine weite, stille Landschaft zu Vögeln und Rindern bis an die Brücke zur Insel Koos am Greifswalder Bodden.

Zurück geht's nach Groß Karrendorf und links über Leist 2 nach Neuenkirchen. Von der Leister Straße in Neuenkirchen biegen wir in den Alwin-Wuthenow-Ring ein, sehen rechts die Backsteinkirche und radeln geradeaus jetzt durch die Theodor-Körner-Straße an die Stralsunder Landstraße. Und schon fahren wir nach Greifswald hinein, zur Hansestadt in Backsteingotik. Die Steinbecker Brücke führt uns über den Ryck auf den Hansering und zum Museumshafen. Hier liegen viele historische Segler am Kai. Der alte Stadthafen ist heute ein lebendiges Museum, das vom traditionellen Boots- und Schiffbau erzählt.

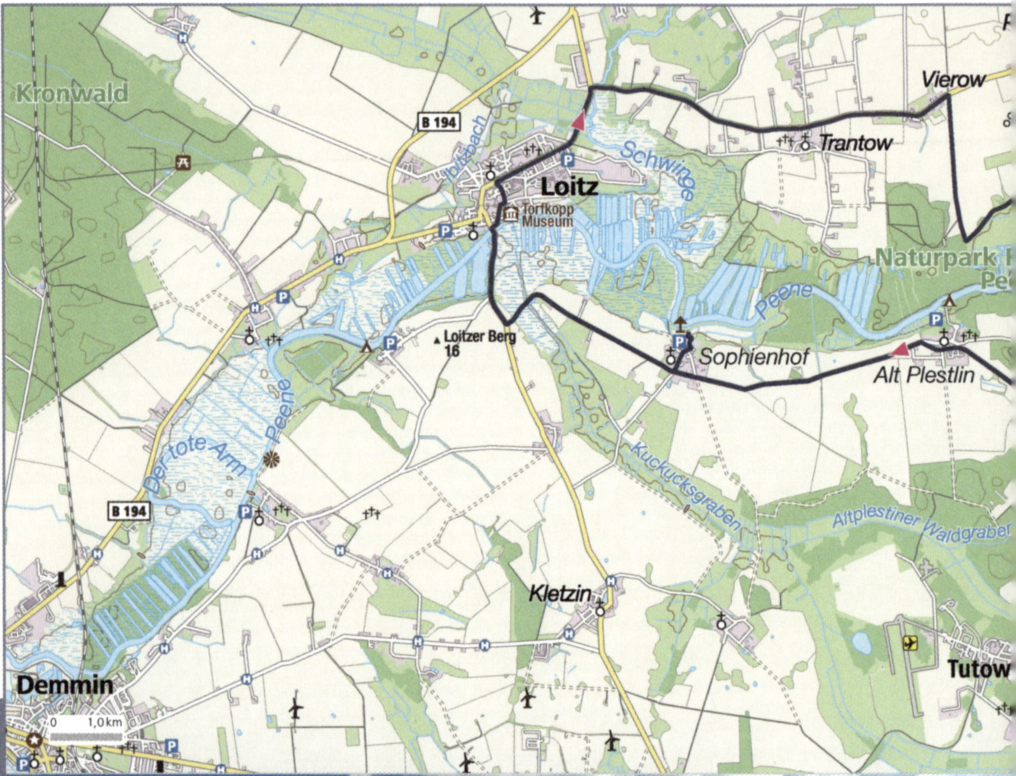
Kronwald
B 194
Ibitzbach
Loitz
Torfkopp Museum
Schwinge
Vierow
Trantow
Naturpark
Peene
Loitzer Berg 16
Sophienhof
Alt Plestlin
Der tote Arm
Peene
B 194
Kuckucksgraben
Altplestiner Waldgraben
Kletzin
Tutow
Demmin
0
1,0 km

34 Rundtour

Von Jarmen nach Loitz

Am Amazonas des Nordens

DAUER	3h 45min
LÄNGE	43,7 km
HÖHENMETER	261 hm
SCHWIERIGKEIT	MITTEL
MIT ÖPNV ERREICHBAR	nein

Das erwartet dich ...

Vom Landstädtchen Jarmen radeln wir durch die idyllischen Dörfer des Peenetals. Mächtige Speicherbauten prägen das schmucke Loitz, bevor wir durch die urwüchsigen Peenewiesen zurückradeln. Das träge strömende, braune Wasser und die unzähligen Torfstiche an seiner Seite hat der Peene den Beinamen Amazonas des Nordens eingebracht. Augen auf: Das Peenetal ist bekannt für seine Fischotter- und Bibervorkommen und mit Glück sehen wir den lichtblauen Eisvogel.

34 Rundtour

Start & Ziel & Anreise

Start in Jarmen an der Marienkirche. Parken an der Marienkirche/Alter Markt. Mit dem Auto von Rostock auf der BAB A 19 zum Kreuz Rostock zur BAB A 20 fahren. Dort auf die BAB A 20 Richtung Neubrandenburg bis zur Ausfahrt 28 Jarmen. Nach Jarmen abbiegen und von der L35 in die Anklamer Straße fahren und an der Wallstraße zur Kirche St. Marien abzweigen.Von Berlin auf dem Autobahnring BAB A 10 zum Dreieck Barnim. Von Dort auf die BAB A 11 zum Kreuz Uckermark. Auf die BAB A 20 abbiegen bis zur Ausfahrt 28 Jarmen. Nach Jarmen abbiegen.

Tourenbeschreibung

Der beschauliche Alte Markt zu Füßen der Jarmener St. Marien Kirche ist der Start- und Endpunkt unserer Rundtour. Hier steigen wir aufs Rad, folgen der Speicherstraße und biegen am Platz mit Bäumen rechts in die Fabrikstraße ein. Wir verlassen das kleine Landstädtchen und radeln am Solarpark entlang immer geradeaus nach Leussin. Unterwegs begleiten uns nur noch weite, ausgedehnten Peenewiesen und Felder. Dort angekommen geht's auch hier geradeaus unter Bäumen nach Bentzin. Am Ortsanfang geht's geradeaus zur urigen Dorfkirche aus Feldsteinen am Teich. Ein schöner Ort um zu rasten.

An der Kreuzung wenden wir uns nach rechts auf die alleeartige Landstraße nach Alt Plestlin, passieren das Dorf und weiter geht's nach Sophienhof. An der Lindenallee biegen wir ein und kommen zur Dorfkirche. Daneben gibt's einen urigen winzigen Dorfladen mit dem Nötigsten für Wasserwandernde. Ein Rastplatz am Peeneufer liegt nur wenige Meter entfernt. Idyllischer kann man angesichts der träge strömenden Peene nun wirklich nicht rasten! Kein Wunder, dass der Fluss auch als Amazonas des Nordens tituliert wird. Er ist einer der letzten unverbauten Flüsse Deutschlands. Zurück zur Hauptstraße und unsere Räder surren über die Allee Richtung Loitz. Nach der Linkskurve stoßen wir auf den Preußendamm und folgen ihm rechts zur Hubbrücke am Peenestrom.

Rechts sehen wir den Loitzer Hafen und den wuchtigen Speicherturm. Dort gibt's das Torfkopp-Museum mit einer eindrucksvoll aufbereiteten Sammlung zur Torfgeschichte an der Peene. Wir fahren an den Kai zum Restaurant Korl-Loitz. Das Gebäude ist der ehemalige Bahnhof Loitz. Ja, hier fuhr einmal die Bahn nach Demmin, der letzte Zug am 3.Dezember 1997.

Die Straße Am Mühlenteich führt uns zur Schloßbergstraße und sie an die Goethestraße. Nach rechts verlassen wir Loitz und radeln auf die Schwinge-Siedlung zu. Kurz davor biegen wir rechts ab, passieren Trantow und erreichen Vierow. Am Ortsausgangsschild von Vierow biegt die Tour schließlich rechts auf den Vierower Damm ein. An der Verzweigung radeln wir geradeaus und kurz danach im spitzen Winkel nach links. Unser Weg geht in einen Betonplattenweg über, der nun durch das wunderbar urwüchsige Naturschutzgebiet der Peenewiesen führt. Wir ignorieren alle Abzweige und erreichen eine Wegekreuzung, an der es links nach Görmin und zur Kreisstraße geht.

Dort wenden wir uns nach rechts, passieren Trissow und erreichen Kuntzow. Hier erwartet uns an der Bushaltestelle noch einmal ein schöner Rastplatz mit einer Schutzhütte, wo wir rechts in die Peenestraße einbiegen und hinterm Dorf auf Betonplatten zum Abzweig nach Neuendorf radeln. Links biegen wir ein und am Ortsanfang in Neuendorf geht's geradeaus zur Kreuzung in der Ortsmitte. Nach rechts fahren wir auf das bewaldete Ufer der Peene zu und erreichen unter der Autobahnbrücke Breechen. Auf der Landesstraße geht's rechts über die Peene und wieder rechts zum Hafen. Dort radeln wir dann zur Kirche St. Marien, unserem Ziel.

Autoren Tipp

Das Museum in der alten Hafendestillerie: Am Loitzer Hafen präsentiert das Torfkopp-Museum eine fast vollständige Auswahl sämtlicher Arbeitsgeräte für den manuellen Torfstich. Die Sammlung des Museums ist zudem mit fast 50 erhaltenen Werkzeugen und Arbeitsgeräten die größte Ihrer Art in Deutschland. Nebenan in der Hafendestillerie gibt's Spezialitäten aus heimischem Torf. Whisky-Torf, Torfkopp oder Honig aus den Torfwiesen sind einzigartige Spezialitäten dieser Manufaktur.

esekenhagen
Beek
B 105
NSG
Wampen
Greifswa
Bodde
NSG
Silberberg
4
MS Stubnitz
Wackerow
35
Ryck
Ludwigsb
Dänische Wiek
Greifswald
Fischer-
Hütte
Klosterruine
Eldena
B 109
Eldena
Koppelberg
14
Hinrichshagen
B 109
Ebertberg
30
0
1,0km

Greifswald

35 Kultour

Greifswald – Lubmin

Auf den Spuren des Malers Caspar David Friedrich

DAUER	2h 30min
LÄNGE	30,7 km
HÖHENMETER	180 hm
SCHWIERIGKEIT	LEICHT
MIT ÖPNV ERREICHBAR	ja

Das erwartet dich ...

Die Greifswalder Altstadt, von der Hansezeit geprägt, mit wunderschönen Giebelhäusern, dem roten Rathaus und Cafés die den Marktplatz säumen. Alles wird vom Dom St. Nikolai überragt. Wie natürliche Säulen umstehen Eichen und Buchen die eindrucksvollen Ruinen des Klosters Eldena am Greifswalder Bodden. Schloss Ludwigsburg, Sitz der Herzöge zu Pommern, steht stolz in einem romantischen Schlosspark, während im Naturschutzgebiet Lanken am Dänischen Wiek die Seeadler auf ihren Nahrungszügen über den Bodden streifen.

35

Kultour

Start & Ziel & Anreise

Start in Greifswald am Museumshafen, Parkplatz am Hansering.
Mit dem Auto von Rostock auf der BAB A20 Richtung Neubrandenburg bis zur Ausfahrt 25 Greifswald. Von dort auf der B 109 die B 105 queren zum Bahnhof und über die Bahnhofstraße zum Parkplatz am Hansering.
Mit der Bahn von Rostock Hauptbahnhof im IC/ICE über Stralsund nach Greifswald fahren. Vom Bahnhof mit dem Rad auf der Bahnhofstraße zur Fleischerstraße, links durch die Altstadt über den Markt zum Museumshafen.

Tourenbeschreibung

Wir treffen uns am Museumshafen, dem alten Stadthafen von Greifswald am Ryck. Er ist Heimat für eine beachtliche Sammlung alter Fischerboote und Frachtsegler. Nebenan liegt die Altstadt mit dem Marktplatz, umgeben von Backsteingiebelhäusern, als Mittelpunkt.

Auf der Hafenstraße, sie beginnt am Fangenturm, verlassen wir die Hansestadt und genießen den unbefestigten Ostseeküsten-Radweg am Ufer des Ryck. In Wieck stoßen wir auf die Straße An der Mühle. Schon aus der Ferne ziehen die großen segeltuchbespannten Flügel der Bockwindmühle von Eldena unsere Blicke auf sich. Gleich erreichen wir das nächste historische Bauwerk, die hölzerne Wiecker Klappbrücke am Ryck. Hier duftet es lecker aus der Fischerhütte, ein uriges Fischrestaurant mit idyllischer Deko und Blick zum Yachthafen.

Vor dem Restaurant wenden wir uns nach rechts und verlassen den Hafen zur Wolgaster Landstraße in Eldena. Rechts liegt die Klosterruine Eldena, ein Kleinod der Backsteingotik, muss man gesehen haben. Wir radeln zurück und am Campingplatz vorbei entlang der Landesstraße nach Kemnitz. Hier machen wir einen Schlenker zur Dorfkirche und wenden uns dort nach links wieder zur Landesstraße nach Neuendorf. Dort geht's dann links auf der Dorfstraße durch den Ort nach Ludwigsburg. An der Dorfeinfahrt liegt das Schloss Ludwigsburg, Schloss der Pommerschen Herzöge. Eine herrliche Allee mit uralten Bäumen führt ganz romantisch durch den Schlosspark.

Der Strandweg bringt uns an den Dänischen Wieck zum Anleger und zu einer kleinen Badestelle. Hier führt der Radweg durch den Wald des Naturschutzgebietes Lanken zur Bungalowsiedlung Loissin. Einige schöne Aussichtspunkte unterwegs geben den Blick über den Bodden frei.

Wir umfahren die Siedlung, passieren den Campingplatz und radeln direkt ans Ufer des Boddens zur Gahlkower Bungalowsiedlung. Die Straße Boddenweg schlängelt sich durch die Siedlung und führt dann landeinwärts nach Gahlkow an die Hauptstraße. Rechts geht's weiter, dann links nach Vierow an die Landesstraße nach Lubmin.

Am Ortsanfang des Seebades biegen wir in die Straße Am Teufelstein ein und stoßen auf die Straße Altes Dorf. Rechts geht's herum, dann links in die Freester Straße zur Kurverwaltung Am Alten Bahnhof. Ziel erreicht. Von hier schlendern wir dann zur Entspannung durch die Waldstraße zur Seebrücke am Strand des Greifswalder Bodden.

Die Klosterruine Eldena

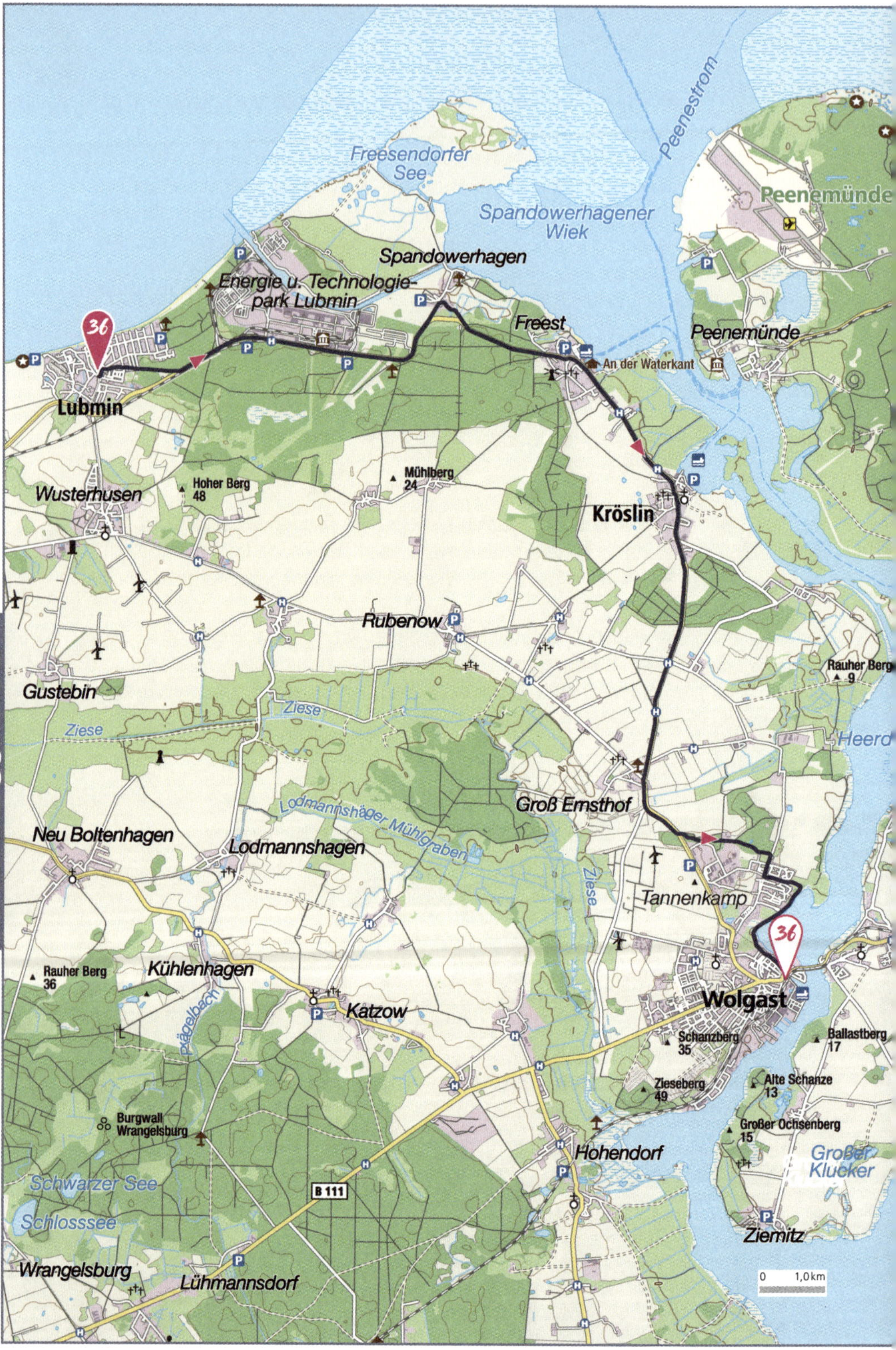
Freesendorfer See
Spandowerhagener Wiek
Peenestrom
Peenemünde
Spandowerhagen
Energie u. Technologie-park Lubmin
Freest
An der Waterkant
Peenemünde
36
Lubmin
Wusterhusen
Hoher Berg 48
Mühlberg 24
Kröslin
Rubenow
Rauher Berg 9
Gustebin
Ziese
Ziese
Heerd
Lodmannshäger Mühlgraben
Groß Ernsthof
Neu Boltenhagen
Lodmannshagen
Ziese
Tannenkamp
36
Rauher Berg 36
Kühlenhagen
Prägelbach
Katzow
Wolgast
Schanzberg 35
Ballastberg 17
Alte Schanze 13
Zieseberg 49
Burgwall Wrangelsburg
Großer Ochsenberg 15
Hohendorf
Großer Klucker
Schwarzer See
B 111
Schlosssee
Ziemitz
Wrangelsburg
Lühmannsdorf
0 1,0 km

36

Kultour

Lubmin – Wolgast

Die einst hochsensible Region am Peenestrom

DAUER	1h 45min
LÄNGE	21 km
HÖHENMETER	195 hm
SCHWIERIGKEIT	LEICHT
MIT ÖPNV ERREICHBAR	nein

Das erwartet dich ...

In der einst hochsensiblen Landschaft der Boddenküste ließ die sozialistische Einheitspartei das größte Kernkraftwerk der DDR errichten. Heute können wir es besichtigen. Gegenüber von Freest liegt Peenemünde. Mit der Fähre queren wir den Peenestrom zum Marinemuseum und Maritim Museum Peenemünde U-461 im ehemaligen Marinehafen. Wir schlendern durch den historischen Ortskern der Hansestadt Wolgast und der vorgelagerten Schlossinsel am Peenestrom, Tor zur Insel Usedom.

Start & Ziel & Anreise

Start in Lubmin an der Kurverwaltung Am Alten Bahnhof/ Freester Straße.
Mit dem Auto von Rostock auf der BAB A20 zur Ausfahrt 25 Greifswald. Auf der B 109 Greifswald umfahren. Bei Groß Schönwalde auf die L26 wechseln und bei Kemnitz auf die L262 nach Lubmin abbiegen. Dort von der L262 in die Wusterhusener Straße zur Kurverwaltung abbiegen.
Vom Berliner Autobahnring BAB A10 über die A11 zur A20 wechseln. Auf der BAB A20 zur Ausfahrt 25 Greifswald fahren. Jetzt weiter wie oben.

Tourenbeschreibung

Wir verlassen das Ostseebad Lubmin mit Seebrücke, Strandpromenade und langen Sandstrand an der Kurverwaltung im Herzen des Ortes. Vom Kreisverkehr beim Minigolfplatz biegen wir in den Spandowerhagener Weg ein und radeln durch den Wald zur Landesstraße. Hier geht's links entlang der Straße zum ehemaligen Atomkraftwerk Lubmin. Das wird gerade abgebaut. Wer sich für das AKW interessiert, kann sich einer Führung durch den Reaktor 6 anschließen. Der Eingang ist am Parkplatz vor der EWN.

Zwischen der Lubminer Heide und dem AKW radeln wir entlang der Landesstraße nach Spandowerhagen. Von der Straße führt ein Weg geradeaus in das Dorf und auf der Lubminer Straße zurück an die Landesstraße. Wir tauchen in das Waldgebiet der Lubminer Heide ein und erreichen das Fischerdorf Freest. Die Dorfstraße führt uns direkt zum Hafen an der Mündung der Peene in den Greifswalder

Bodden. Von hier verkehren Fähren nach Peenemünde zum Museumsschiff Hans Beimler, Maritim Museum Peenemünde U-461 und zum Marinemuseum. Im Museum, auf dem Gelände des ehemaligen Marinehafen Peenemünde, wird die Geschichte der 1. Flottille und des Jagdfliegergeschwader 9 vorgestellt.

Essen, Trinken & Durchatmen. Täglich frischer Fisch der Freester Fischer kommt im Restaurant An der Waterkant auf den Tisch. Es liegt gleich rechts an der Dorfstraße.

Entlang der Landesstraße geht's durch Kröslin, wo sich einer der bekanntesten Yachthäfen der Boddenküste etabliert hat, Richtung Wolgast. Hinter Groß Ernsthof zweigt der Ostseeküsten-Radweg am Waldrand links ab und führt uns zum Tierpark Wolgast. Hier ist die Heimat von Wölfen, Erdmännchen, Emus usw. Ein netter kleiner Tierpark mit Streichelzoo.

Der Weg führt weiter zur Straße Tannenkampweg am Friedhof. Rechts biegen wir ein und gelangen zu einer Kirche. Dahinter zweigt links ein Weg ab, der uns ans Ufer der Spitzhörner Bucht führt. Rechts geht's weiter, am Segelclub vorbei, zur Altstadt von Wolgast an der Schlossinsel. Beim Restaurant Am Fischmarkt 3 führt eine Holzbrücke auf die Schlossinsel zum Museumshafen. Geradeaus geht's zur B 111 und zum Parkplatz am Bahnhof Wolgast Hafen, dem Tor zur Insel Usedom. Ziel erreicht. Wer noch die 184 Stufen des Kirchturms von St. Petri erklimmt, genießt in 40 m Höhe einen Rundblick über Wolgast zur Insel Usedom.

Hafen und Altstadt von Wolgast

Peenemünde
Kölpiensee
Hist.-tech. Museum
Maritim Museum
Peenemünde
Cämmerer See
Zatoka Pomorska - Pommersche Bucht
Krösliner See
Piese
Kröslin
Karlshagen
37
Alte Peene
Rauher Berg 9
Großer See
Heerd
Trassenheide
Groß Ernsthof
Mölschow
Zinnowitz
Katharinenberg 24
Poppelberg 25
Tannenkamp
Bannemin
Zempin
Störlanke
Wolgast
Großer Strumminsee
Fagnitz
Krummin
Ballastberg 17
Restaurant Hafenterrasse
Neeberg
Mellsee
Zieseberg 49
Alte Schanze 13
Buchberg 24
Großer Ochsenberg 15
Großer Klucker
Krumminer Wiek
Ziemitz
Insel Görmitz
Lütow
Achterwasser
Weißer Berg 32
Peenestrom
0 1,0 km

Karlshagen – Wolgast

Naturidylle pur – Zwischen Ostsee, Krumminer Wieck und Peenestrom

DAUER	3h 15min
LÄNGE	36 km
HÖHENMETER	290 hm
SCHWIERIGKEIT	LEICHT
MIT ÖPNV ERREICHBAR	ja

Das erwartet dich ...

Naturidylle pur am Peenestrom und Abtauchen in Zinnowitz. Am Sprung zum Festland in Wolgast hebt sich die blaue Klappbrücke am Peenestrom. Über die Schlossinsel geht's zur Altstadt der Herzogstadt, überragt vom Turm der St. Petri-Kirche. Zinnowitz gehört zu den schönsten Seebädern auf der Insel Usedom, umgeben von Buchen- und Kiefernwald. Der feinsandige Zinnowitzer Ostseestrand ist ein Teil der über 42 Kilometer langen Küstenlinie Usedoms.

Rundtour 37

Start & Ziel & Anreise

Start in Karlshagen am Haus des Gastes in der Hauptstraße bei der Tankstelle. Mit dem Auto von Rostock oder Neubrandenburg auf der BAB A20 zur Ausfahrt 27 Gützkow. Dann auf der B 111 über Wolgast Richtung Zinnowitz. Bei Bannemin links auf die L264 nach Karlshagen abbiegen. Parken beim Haus des Gastes in der Hauptstraße. Mit der Bahn im ICE von Rostock Hauptbahnhof nach Stralsund. Umsteigen und weiter nach Züssow. Dort mit der Usedomer Bäderbahn über Wolgast nach Zinnowitz. Mit der RB 24 nach Karlshagen.

Tourenbeschreibung

Am Karlshäger Haus des Gastes beim Bahnhof Karlshagen beginnt und endet unsere Rundtour. Wir schwingen uns aufs Rad und folgen der Hauptstraße zur Kirche. Hier schwenkt die Route in die Hafenstraße ein, die uns zum quirligen Yachthafen am Peenestrom führt. Links geht's an ihm vorbei, zuerst am Peenestrom auf einem Betonplattenweg entlang, dann landeinwärts ins Dorf Mölschow.

Bei den ersten Häusern biegen wir in die Eichenstraße ein und stoßen auf die Hauptstraße. Rechts führt uns der Zecheriner Weg nach Zecherin am Peenestrom. Am Dorf halten wir uns links durch ländliches Idyll Richtung Wolgast. Wir erreichen die ersten Häuser von Mahlzow, wenden uns an der Straßenverzweigung links zum Zecheriner Weg und stoßen auf die Bundesstraße. Wir queren die Straße und radeln, die Wolgaster Skyline im Blick, auf der ehemaligen B 111 an die blaue Klappbrücke am Peenestrom. Über der Fahrrinne hebt sich zu bestimmten Zeiten die Straße samt Eisenbahngleis.

Am Ufer führt die Tour links, schnurgerade nach Neeberg. Gleich nach der Linkskurve halten wir an der Galerie im Hühnerstall, ein perfekter Rahmen für eine Rast. Weiter geht's nach Krummin. An der Querstraße wenden wir uns auf holperigem Belag zur Marina am Hafen. Das Restaurant Hafenterrasse verspricht einen wunderbaren Blick über die Krumminer Wiek und eine illustere Speisekarte. Wie unsere Wahl auch ausfällt, beim Café Naschkatze beginnt der Weg Richtung Neuendorf. Der Betonplattenweg führt nun durch eine Landschaft, die uns den Atem verschlägt. Bei einer kleinen Siedlung folgen wir links dem Fischerweg zur Mühlenbergstraße in Neuendorf. Hier führt die Tour 250 m links zur Zinnowitzer Straße an den Hofladen Villa Kunterbunt. Der separate Radweg an der Kreisstraße bringt uns nach Zinnowitz. Dort queren wir die B 111 zur Straße Alte Strandstraße und zum Bahnhof Zinnowitz.

Hinterm Bahnübergang heißt die Straße zur Seebrücke Neue Strandstraße. Die Seebrücke erstreckt sich rund 300 m ins Meer hinaus. Benannt wurde sie nach der legendären Stadt Vineta, die hier einst wegen des Hochmuts ihrer Bewohner im Meer versunken sein soll. Wir legen aber erst einmal einen Badestopp ein oder erkunden mit der Tauchgondel am Brückenkopf die Unterwasserwelt. Vineta ist allerdings nicht zu entdecken.

Vor der Seebrücke radeln wir links entlang der Promenade und später durch den Küstenwald nach Trassenmoor. Am Parkplatz geht's 200 m nach links, dann nach rechts und wie am Lineal gezogen durch den schönen Kiefernwald, der sich parallel zur Küste bis nach Karlshagen zieht. Auf dem breiten Waldweg radeln wir nun bequem die letzten Kilometer, wir orientieren uns an der Beschilderung Ostseeküsten-Radweg, nach Karlshagen, wo ebenfalls ein breiter Sandstrand zu einem Sprung in die Wellen verlockt. Auf der Strandstraße gelangen wir schließlich zurück ins Zentrum und zum Ausgangspunkt bei der Touristeninformation in Karlshagen.

Autoren Tipp

Museumstour nach Peenemünde: Die Versuchsanstalten Peenemünde waren von 1936 bis 1945 das größte militärische Forschungszentrum Europas. Rund um den Hafen Peenemünde liegen drei eindrucksvolle Museen. Im Historisch-Technische Museum Peenemünde, wird die Entwicklung der ersten Raketen und anderer Flugkörper gezeigt. Im Marinemuseum wird die Geschichte der 1. Flottille und des Jagdfliegergeschwader 9 gezeigt und im U-Boot Museum geht's in den Bauch von U-461 der Juliett-Klasse.

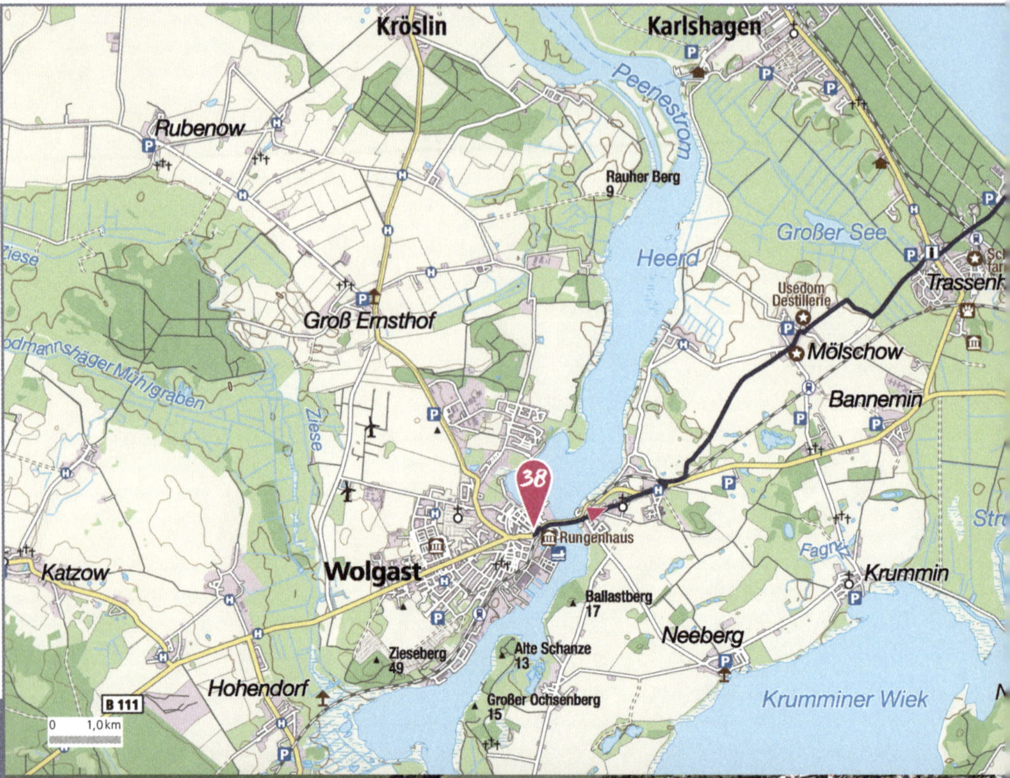
Kröslin
Karlshagen
Peenestrom
Rubenow
Rauher Berg
9
Großer See
Heerd
Usedom Destillerie
Trassenh
Ziese
Groß Ernsthof
Mölschow
odmannshäger Mühlgraben
Bannemin
Ziese
38
Rungenhaus
Katzow
Wolgast
Krummin
Fagra
Ballastberg
17
Neeberg
Zieseberg
49
Alte Schanze
13
Hohendorf
B 111
Großer Ochsenberg
15
Krumminer Wiek
0
1,0 km

Wolgast – Seebad Koserow

Schmetterlinge auf Usedom

DAUER	1h 30min
LÄNGE	18,6 km
HÖHENMETER	183 hm
SCHWIERIGKEIT	LEICHT
MIT ÖPNV ERREICHBAR	ja

Das erwartet dich ...

Der Turm der St. Petri-Kirche überragt die historische Altstadt der Herzogstadt Wolgast. Am Sprung zur Insel Usedom hebt und senkt sich die blaue Klappbrücke samt Bahngleis am Peenestrom. Zinnowitz gehört zu den schönsten Seebädern auf der Insel Usedom mit prachtvollen Villen in Bäderarchitektur, umgeben von Wäldern. Das Seebad Koserow liegt am sagenumwobenen Streckelsberg, der höchsten Erhebung an Usedoms Ostseeküste. Unten am feinen Sandstrand schlängelt sich die Seebrücke in die Ostsee.

Start & Ziel & Anreise

Start in Wolgast am Bahnhof Wolgast Hafen. Parken auf dem Parkplatz neben der B 111 am Kai. Mit dem Auto von Rostock oder Neubrandenburg auf der BAB A 20 zur Ausfahrt 27 Gützkow. Dann auf der B 111 nach Wolgast fahren. Von der B 111 am Stadthafen rechts abbiegen zum Bahnhof Wolgast Hafen. Parken auf dem Parkplatz neben der B 111 am Kai.
Mit der Bahn im ICE von Rostock Hauptbahnhof nach Stralsund. Umsteigen und weiter nach Züssow. Dort mit der Regionalbahn nach Wolgast Hafen fahren.

Tourenbeschreibung

Bevor wir Wolgast hinter uns lassen, schauen wir ins Museum Rungehaus, liegt hier am Parkplatz, hinein. Im Haus und Innenhof sind die Werke des Malers und Schriftstellers Philipp-Otto-Runge, neue Kunst in der Romantik, ausgestellt.

Wir haben uns an seinen Bildern auf Usedom eingestimmt, queren die Brücke am Hafen und biegen gleich hinterm Bahnübergang links auf den Weg neben der Bahn ein. Vor uns liegt die blaue Klappbrücke am Peenestrom. Über der Fahrrinne hebt sich zu bestimmten Zeiten die Straße samt Eisenbahngleis. Am anderen Ufer radeln wir auf der Straße der Freundschaft durch Mahlzow. An der Tankstelle queren wir die B 111, dann den Bahnübergang und folgen dem Weg rechts neben der Bahn nach Mölschow. Der Stadtweg bringt uns zur Hauptstraße, der wir links zur Trassenheider Straße folgen. Ein hübsch restauriertes Gutshaus trägt den Namen Usedom-Destillerie. Neben Gin werden auch Rum, Aquavit oder Korn gebrannt. Die Zeit für eine Führung lohnt allemal.

20 m geht's nach rechts und dann links Am Erlengrund aus Mölschow hinaus. Der Asphaltweg führt uns dann in einer Rechtskurve an die Kreisstraße. Trassenheide ist nicht fern. Am Mölschower Weg laufen uns FreibeuterInnen und SeeräuberInnen übern Weg. Links liegt nämlich die Piraten-Insel-Usedom, ein grandioser Abenteuerspielplatz für Kinder.

An der Bahnhofstraße zweigen wir rechts ab und gleich links in die Strandstraße. Sie führt uns zum Bahnhof Trassenheide im Ortsteil Trassenmoor. Nomen est omen, die Strandstraße führt weiter an den Strand des Ostseebades Trassenheide. Das Juwel Trassenheides ist zweifellos der breite Sandstrand.

Am Strandplatz mit zahlreichen Restaurants wenden wir uns nach rechts und radeln oberhalb des Strandes im Wald bis ins Ostseebad Zinnowitz. Auf der Strandpromenade rollen wir an schönen Villen aus der Zeit der Bäderarchitektur entlang zur Seebrücke Zinnowitz. Am Kopf der Seebrücke führt uns eine Tauchgondel in die Tiefe der Ostsee. Obendrein gibt's einen schönen Blick aufs Meer und zu den Türmchen der prachtvollen Villen.

Unser Weg ins Seebad Koserow führt nun zwischen Strand und Villen geradeaus in den Küstenwald. Am Strandzugang mit einem Imbiss biegt der Ostseeküsten-Radweg rechts ab und führt in einem Linksbogen durch erfrischend grünen Wald Richtung Seebad Zempin. Wir queren die Straße Bernsteinweg und erreichen den Promenadenweg in Zempin. Hier schlendern die Badegäste zum Kurplatz am Strand. Auf dem Oberförsterweg gelangen wir zur Siedlung an der Seestraße. Links haltend radeln wir hindurch zum Möwenweg. Am Strandzugang wenden wir uns nach rechts zur B 111 und radeln entlang der Bundesstraße, dann der Hauptstraße ins Seebad Koserow. An der Seebrücke endet unsere Radtour zwischen Ostsee und Achterwasser. Die wellenförmige Seebrücke ist ein absoluter Blickfang. Toll zum Verweilen mit Tribünen.

Autoren Tipp

Wir entdecken Schmetterlinge von ihrer schönsten Seite. Europas größte Schmetterlingsfarm liegt am Bahnhof Trassenheide. In der Tropenhalle fliegen an die 2500 farbenprächtige Falter aus Südamerika, Afrika und Asien frei zwischen vielen exotischen Pflanzen, wie Orchideen, Bananenpflanzen, riesigen Bambusstauden und Passionsblumen von einer Blüte zur anderen, stets auf der Suche nach Nektar. Ara-Papageien, Riesenschildkröten, Bartagamen, Vogelspinnen und Skorpione ergänzen das exotische Paradies.

39
Zatoka Pomorska
- Pommersche
Bucht
Koserow
Streckelsberg
58
Kölpinsee
Loddin
B 111
Uckeritz
NSG
Achterwasser
Zum Rollmops
Langer Berg
54
Dachsberg
25
Pudagala
Platter Berg
54
Konker Berg
16
Schloß Pudagla
Schloonsee
Großer
Krebssee
Schmollensee
Baumberg
7
Sellin
Heringsdorf
Balmer See
Nepperminer
See
Adler-
Schiffe
Neppermin
Benz
Gothensee
B 111
Kückelsberg
58
Ahlbeck
Beek
Mellenthin
Eiskellerberg
7
Gothensee und
Thurbruch
Zirowberg
55
Korswandt
39
SWINEMÜNDE
B 110
Kacheliner See
Zerninsee-
Senke
Zirchow
DEUTSCHLAND
POLSKA
B 110
Golm
69
Dargen
Garz
Stolpe
Schloss Stolpe
Kamminke
0
1,3 km

Aussichtstour 39

Koserow – Swinemünde

Ostsee – Die Badewanne der Berliner

DAUER	2h
LÄNGE	24,5 km
HÖHENMETER	297 hm
SCHWIERIGKEIT	LEICHT
MIT ÖPNV ERREICHBAR	ja

Das erwartet dich ...

Herrliche Buchen- und Kiefernwälder umgeben die Bernsteinbäder Koserow, Kölpinsee und Ückeritz am langen feinsandigen Ostseestrand. Folgen wir der Usedomer Bäderbahn erreichen wir die Kaiserbäder Bansin, Heringsdorf und Ahlbeck. Der Adel und die Elite aus Berlin konnten dem maritimen Charme, dem feinen Sand und der salzigen Brise nicht widerstehen und bauten zu Beginn des 20. Jahrhunderts die Villen in der typischen Bäderarchitektur.

Aussichtstour 39

Start & Ziel & Anreise

Start im Seebad Koserow an der Seebrücke. Parken am Ortsanfang auf dem Parkplatz neben der Hauptstraße. 200 m bis zur Seebrücke. Mit dem Auto von Rostock oder Neubrandenburg auf der A20 zur Ausfahrt 27 Gützkow. Dann auf der B111 über Wolgast ins Seebad Koserow fahren. Dort von der B111 links auf die Hauptstraße einbiegen und am Ortsanfang auf dem Parkplatz neben der Straße parken. Mit der Bahn von Rostock nach Stralsund. Umsteigen und weiter nach Züssow. Dort mit der Regionalbahn RB23 zum Bahnhof Koserow fahren. Mit dem Rad 1,6 km zur Seebrücke.

Tourenbeschreibung

Wir finden uns bei den Restaurants vor der wellenförmigen Seebrücke am Strand von Koserow ein. Dort zieht bereits am Morgen der Duft von Räucherfisch über die Strandpromenade.

An der Wegekreuzung zur Seebrücke kommt der Ostseeküsten-Radweg von links und führt rechts durch die Wälder des Naturschutzgebietes Streckelsberg, unterhalb der höchsten Erhebung der Usedomer Ostseeküste, ins Seebad Kölpinsee. An Tagen mit klarer Sicht ist es lohnend den Fußmarsch zur Aussicht auf den Gipfel des Streckelsberg zu wagen. Hier bietet sich ein wunderschöner Ausblick über Steilküste und Strand hinweg auf die Ostsee.

In flotter Fahrt geht's zum Waldrand am Seebad Kölpinsee. Wir queren die Jägerstraße und rollen am blauen Kölpinsee entlang. Am Ende des Sees passieren wir den Campingplatz Stubbenfelde, tauchen in den Wald ein und radeln an der Reha-Klinik entlang zum Strandparkplatz beim Wockninsee, der gehört zum Seebad Ückeritz. Wir wenden uns nach links und radeln dann auf der Uferpromenade unterhalb des Campingplatzes zum weiß und rot gestreiften Leuchtturm Ückeritz, einem kleinem, urigem Imbiss. Das Asphaltsträßchen führt uns oberhalb des Strandes an den Strandhäusern Blankenfohrt vorbei zum Feriencamp am Ostseestrand. Weiter radeln wir unter Buchen und Kiefern zum nächsten Imbiss namens Zum Rollmops. Hier nehmen wir Proviant auf, für den Anstieg über den Langen Berg nach Bansin. Kurz hinterm Imbiss biegen wir links von der Straße ab, umrunden den Gipfel des Berges und rollen an der Verzweigung nach Langenberg rechts ins Kaiserbad Bansin.

Am Waldrand stoßen wir auf die Bergstraße, radeln nach links und am Fischerweg ebenfalls links. Wir stehen an der Strandpromenade und radeln zur Seebrücke. Vom Kopf der Seebrücke gibt's eine tolle Aussicht auf die Skyline von Bansin mit ihren ehrwürdigen Villen der Bäderarchitektur. Mit den Schiffen der Adler-Linie können wir als Alternative von hier aus die Region der Kaiserbäder bis nach Swinemünde vom Wasser aus erkunden.

Auf geht's mit unserem Bike ins nächste Kaiserbad nach Heringsdorf. Dorthin radeln wir immer an der Strandpromenade entlang bis zur Seebrücke des Seebades.

Mit ihren Säulen und Erkern, Türmchen und Balustraden, Stuckverzierungen und Freitreppen erinnern die Häuser längs der Flaniermeile an die längst vergangene Zeit des Adels und der Industriellen aus Berlin.

Autoren Tipp

Insel erkunden mal anders: Umrunden wir die gesamte Insel Usedom einmal mit dem Schiff. Das geht ab Heringsdorf oder Bansin mit den Adler-Schiffen. Es geht an der Steilküste bei Koserow entlang und bei der Insel Greifswalder Oie in den Peenestrom nach Peenemünde. Die Peenestrombrücke von Wolgast öffnet sich für unsere Passage, vorbei am Städtchen Lassan, ins Stettiner Haff. Dort passieren wir die Grenze nach Polen und erreichen die Kaiserfahrt, den Kanal nach Swinemünde. An den Seebrücken endet dann die Inselrundfahrt.

Fortsetzung Tour 39

Rund um die Seebrücke mit Restaurants, kleinen Läden und Cafés herrscht reges Treiben. Hier lustwandelten schon Kaiser Wilhelm II., Theodor Fontane, Leo Tolstoi, der Walzerkönig Johann Strauß, Thomas Mann und Maxim Gorki. Landeinwärts liegt der Sackbahnhof Heringsdorf. Hier hält die Usedomer Bäderbahn nach ihrer Umfahrung des 46 m hohen Präsidentenberges. Beim Bahnhof liegt die Ostseetherme Usedom, der Wellness-Tempel der Insel. Der stählerne, 40 m hohe Aussichtsturm ist das Erkennungszeichen der Therme mit Fahrstuhl hinauf zur Aussichtsplattform.

Wir bleiben der Strandpromenade treu und radeln ins Seebad Ahlbeck. Eine herrlich breite Promenade erwartet uns am langen, feinsandigen Strand und natürlich auch eine Seebrücke mit Blick nach Swinemünde und den vorbeiziehenden Schiffen. Sie ist das Wahrzeichen des Seebades mit vier hölzernen Türmen am Pavillon. Am Zugang zur Brücke steht eine wunderschöne, gusseiserne Jugendstiluhr von 1911.

Nun radeln wir der polnischen Grenze entgegen. Durch lichten Wald erreichen wir das Grenztor an den Staatsgrenzen. Ein Symbol für die gemeinsame Zukunft und einer gemeinsamen Strandpromenade zwischen Polen und Deutschland. Grenzen die man friedlich und frei überschreiten kann.

Der Ostseeküsten-Radweg zweigt hinter der Grenze am Parkplatz rechts ab und erreicht die Straße Wojska Polskiego. Nach links biegen wir ein und erreichen den Bahnhof Swinemünde Zentrum. Hier endet die Usedomer Bäderbahn und ebenfalls der deutsche Teil des Ostseeküsten-Radweg.

Strand bei Swinemünde

Zatoka Pomorska
- Pommersche
Bucht
B 111
40
Schmollensee
Langer Berg
54
Dachsberg
25
Pudagala
Schmollensee
Platter Berg
54
Café Bernsteinhexe
Konker Berg
16
Schloß Pudagla
Großer
Krebssee
Schloon
see
Sellin
Krückenberg
40
Heringsdorf
Ahlbeck
Nepperminer
See
Neppermin
Benz
Gothensee
Beek
Kückelsberg
58
Reetzow
B 111
Gothensee und
Thurbruch
Zirowberg
55
Eiskellerberg
7
Labömitz
Korswandt
Wolgastsee
Großsteingrab
Labömitz 1
Białogóry
53
Schwarzes Herz
Kacheliner See
Krebssee
SWINEMÜNDE
Zerninsee-Senke
B 110
Zirchow
B 110
Golm
69
Dargen
Garz
DEUTSCHLAND
POLSKA
Torfkanal/Kanał Torfowy
Kamminke
0
1,0 km
Oderhaff

40 Rundtour

Pudagla – Korswandt

Durchs Hinterland der Kaiserbäder

DAUER	2h 45min
LÄNGE	34 km
HÖHENMETER	291 hm
SCHWIERIGKEIT	LEICHT
MIT ÖPNV ERREICHBAR	ja

Das erwartet dich ...

Schon gleich nach dem Tourenstart genießen wir die weiten Blicke über das Usedomer Achterwasser. Eine uralte Bockwindmühle gibt uns das Geleit auf unserem Weg zum Niedermoorgebiet des Thurbruchs. Die Beine können sich dann bei einer Kahnpartie auf dem Wolgastsee entspannen. Dann geht es den Kaiserbädern entgegen. Zunächst bewundern wir in Heringsdorf die herausgeputzten Villen im Stil der Bäderarchitektur, die um 1900 erbaut wurden. Die Strandpromenade führt uns zwischen Ostsee und Schloonsee ins Kaiserbad Bansin.

40 Rundtour

Start & Ziel & Anreise

Start am Bahnhof Pudagla-Schmollensee der Usedomer Bäderbahn.
Mit dem Auto von Rostock oder Neubrandenburg auf der BAB A20 zur Ausfahrt 29 Anklam. Dann auf der B199 nach Anklam. Dort auf die B109 Richtung Greifswald fahren und auf die B110 nach Usedom abbiegen. Hinter Usedom auf die B111 fahren und über Pudagla zum Bahnhof Pudagla-Schmollensee. Dort Parken.
Mit der Bahn im ICE von Rostock nach Stralsund. Umsteigen und weiter nach Züssow. Dort mit der Regionalbahn RB23 zum Bahnhof Pudagla-Schmollensee.

Tourenbeschreibung

An der kleinen Bahnstation Pudagla-Schmollensee der Usedomer Bäderbahn brechen wir zur Seentour auf und radeln zunächst auf dem Radweg neben der B111 in den hübschen Ort Pudagla. Dort besuchen wir das unscheinbare Schloss in der Schloßstraße. Vom alten Glanz des Schlosses ist zwar nicht mehr viel zusehen, aber nebenan im Café Bernsteinhexe gibt's leckeren Kuchen. Über die Straße Am Sportplatz geht's links zurück an die Bundesstraße. Hier wechseln wir die Straßenseite und sehen in der Ferne schon die Bockwindmühle Pudagla. Bis 1937 wurde in der Mühle noch gemahlen. Schön restauriert steht sie am Wegesrand und dreht die Flügel in den Wind. Das kleine Museum drinnen ist liebevoll eingerichtet.

Wir kehren der Mühle den Rücken und radeln zum Abzweig mit der Kreisstraße. Sie führt uns nach Stoben am Schmollensee. Geradeaus surren die Räder in die Ortsmitte von Benz, den Schmollensee links im Blickwinkel, zur St.-Petri-Kirche. Ein verlockender Duft frisch gebackener Waffeln kommt uns gleich neben dem Gotteshaus aus dem Kaffeegarten Alte Feuerwehr entgegen. Wir radeln nun bis zur Fritz-Behn-Straße und schwenken links ein. Leicht bergauf und bergab strampeln wir Richtung Alt Sallenthin. An der Einmündung neben dem Ufer vom Gothensee orientieren wir uns nach Reetzow. Das Sträßchen führt Anfangs durch einen schattigen Wald am Ufer entlang und dann als Ihlenfeldstraße durch den ruhigen Ort.

Wir nutzen dann die Straßenabzweigung links in Richtung Ulrichhorst. Die schöne Strecke leitet uns durch die Wiesen und Felder des Thurbruchs zwischen Gothensee und Kacheliner See. Der Name leitet sich von einer alten Bezeichnung für die einst hier verbreiteten Auerochsen ab.

Im langgestreckten Straßendorf Ulrichshorst mit vielen reetgedeckten Häusern biegen wir bei Haus Nr. 22 in die Gasse Am Kamp ein, passieren den Campingplatz und sind bereits in Korswandt. Rechter Hand erstreckt sich der Golfplatz Baltic Hills, noch bevor wir das Restaurant Idyll am Wolgastsee erreichen. Warum nicht am kleinen Strand des Sees ins kühle Nass eintauchen? Oder wir leihen uns dort ein Ruderboot für eine kurze Bootsfahrt.

Vom Strandbad aus führt uns nun der unbefestigte Weg um den Wolgastsee herum, die Wasserfläche blitzt im Sonnenlicht, an die Grenze zu Polen. Am Wegeabzweig wenden wir uns nach links und radeln neben dem schattigen Ufer zurück nach Korswandt. Dort queren wir die Landesstraße zum Gothenweg, folgen ihm zum Ortsrand und rechts nach Seehof. Die Tour verläuft erneut durchs urwüchsige Grün des Waldes und überquert den Beek, einen Entwässerungsgraben des Thurbruchs. Die Schilder weisen uns in Richtung Gothen zu einem malerisch gelegenen Rastplatz am Sträßchen beim Ortseingang von Gothen. Auf der kleinen Straße radeln wir weiter nach rechts und tanken im dichten Buchenwald noch einmal Ruhe vor dem Trubel im Kaiserbad Heringsdorf. Unterwegs queren wir das Gleis der Usedomer Bäderbahn bevor wir bei der Grundschule in Heringsdorf auf die Bülowstraße stoßen. Gegenüber führt uns der Setheweg zur Seestraße. Links geht's zur Seebrücke Heringsdorf. An Ende der gut 500 m langen Flaniermeile legen die Adler Schiffe zu ihren Ausflugsfahrten ab, während blaues Meer und weißer Strand zum Baden verlocken.

Bei der Konzertbühne neben der Seebrücke wenden wir uns links zur Strandpromenade. Unsere Tour führt nun an ihr entlang ins Kaiserbad Bansin. Links hinter den Villen von Bansin versteckt sich der idyllisch gelegene Schloonsee. An der Uhr mit der Wetterfahne obendrauf erreichen wir die Seestraße. Rechts geht's hinunter an den herrlich weißen Sandstrand, links reihen sich Hotels und Restaurants aneinander. Auf der Seestraße radeln wir landeinwärts zum Bahnhof Bansin. Beim Bahnhof queren wir die Ahlbecker Chaussee und radeln am Bahnhof vorbei auf dem separaten Radweg direkt zum Ausgangspunkt am Bahnhof Pudagla-Schmollensee.

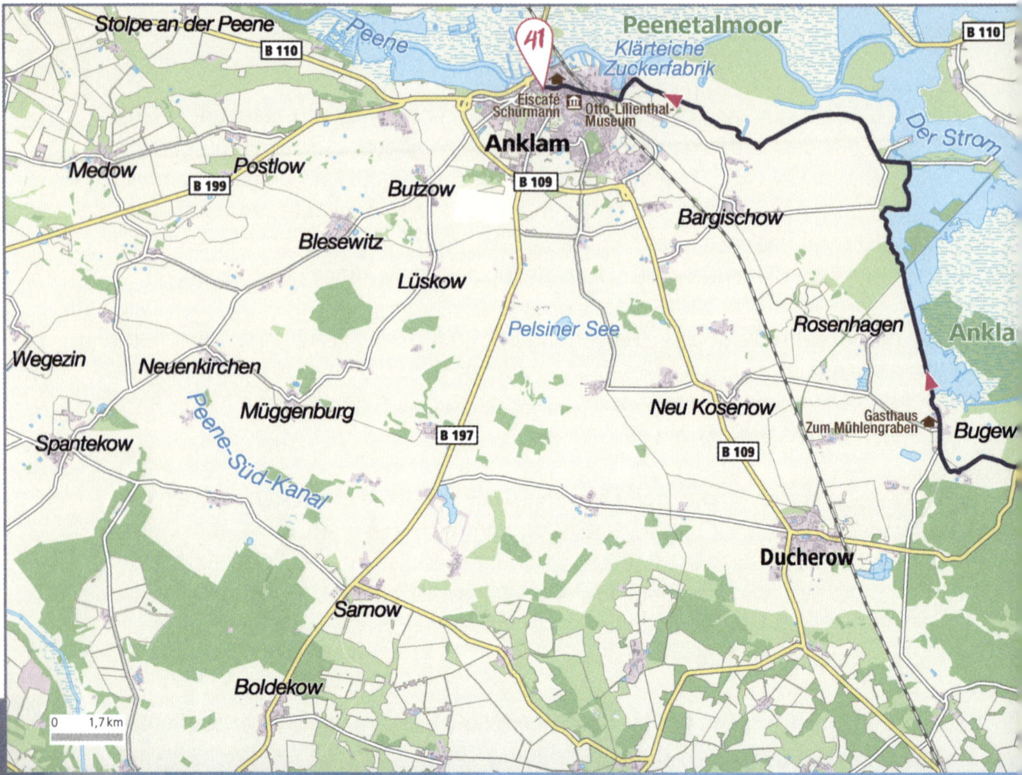

Stolpe an der Peene
B 110
Peene
41
Peenetalmoor
Klärteiche Zuckerfabrik
B 110
Eiscafé Schürmann
Otto-Lilienthal-Museum
Der Strom
Anklam
Medow
Postlow
B 199
Butzow
B 109
Bargischow
Blesewitz
Lüskow
Pelsiner See
Rosenhagen
Ankla
Wegezin
Neuenkirchen
Müggenburg
Neu Kosenow
Gasthaus Zum Mühlengraben
Bugew
Spantekow
Peene-Süd-Kanal
B 197
B 109
Ducherow
Sarnow
Boldekow
0 1,7 km

41

Ueckermünde – Anklam

Wilde Landschaft am Stettiner Haff

DAUER	3h
LÄNGE	36,4 km
HÖHENMETER	237 hm
SCHWIERIGKEIT	LEICHT
MIT ÖPNV ERREICHBAR	ja

Das erwartet dich ...

Das Haff-Museum im Schloss des malerischen Ueckermünde zeigt das Leben am Haff und die Geschichte der Region. Der 27 Meter hohe Schlossturm ist Teil des Museums und bietet uns einen reizvollen Rundblick bis zur Moorlandschaft des Anklamer Stadtbruchs. Dort radeln wir entlang der grandios wilden, naturbelassenen und vogelreichen Welt des Bruchs in die Hansestadt Anklam. Am Marktplatz führen Jahrhundertbänder durch die Geschichte der Geburtsstadt Otto Lilienthals. Otto Lilienthal ist ein spannendes Museum gewidmet und zeigt zahlreiche Flugapparate.

41

Kultour

Start & Ziel & Anreise

Start am Bahnhof Ueckermünde-Stadthafen. Parken auf dem Parkplatz beim Bahnhof. Mit dem Auto von Berlin über den östlichen Autobahnring BAB A 10 auf die A 11 abbiegen und am Kreuz Uckermark auf die A 20 bis Ausfahrt 36 Pasewalk-Süd. Auf der B 109 nach Pasewalk fahren, auf die B 104 abbiegen und links auf der L 321 über Torgelow nach Ueckermünde fahren. Links zum Stadthafen und dort parken. Mit der Bahn Linie RE 3 von Berlin Hauptbahnhof nach Pasewalk fahren. Dort umsteigen in den RE 4 nach Ueckermünde-Stadthafen.

Tourenbeschreibung

Auf den Sattel, fertig, los! Am Bahnhof Ueckermünde-Stadthafen starten wir in Richtung Altstadt und sehen die mittelalterliche Pommernkogge Ucra am Kai liegen. Auf der Brücke geht's über die Uecker. Gleich rechts liegt das Haffmuseum im Schloss Ueckermünde. Die Schulstraße führt uns zur Marienkirche die man unbedingt ansehen sollte, mit tollem Altar und Deckengemälde, und zum Markt mit bunten Giebelhäusern, schön herausgeputzt mit Cafés und kleinen Läden. Wir kommen zur Ueckerstraße und radeln entlang der Landesstraße über die träge fließende Zarow nach Grambin.

Bald verlassen wir Grambin auf der Dorfstraße. Der Radweg wechselt die Straßenseite zum Ufer am Stettiner Haff. Wir radeln nach Mönkebude hinein und machen einen Schlenker zum Hafen. Zurück radeln wir auf der Alten Dorfstraße landeinwärts und queren die Hauptstraße bei der Dorfkirche St. Petri. Durch die Lübser Landstraße geht's zum Waldrand, wo wir dem Radweg rechts zur Landesstraße folgen. Wir fahren Richtung Leopoldshagen. Vor dem Dorf verlässt der Radweg die Landesstraße nach links und führt zum Sportplatz an der Bahnhofstraße. Sie verläuft parallel zum Dorf und endet an einem Radweg. Der bringt uns zum Hof Hoheheide, bei dem wir rechts zur Landesstraße abzweigen. Gegenüber nehmen wir den Radweg links der Straße nach Bugewitz 1 und fahren auf der Dorfstraße nach Bugewitz. Das Gasthaus Zum Mühlengraben in der Dorfstraße 47 verwöhnt Hungrige gern mit Leckerbissen der polnischen Küche.

Bei der schönen Dorfkirche lassen wir Bugewitz hinter uns und radeln nun durch die Moorlandschaft des Naturschutzgebietes Anklamer Stadtbruch. Eine Sturmflut im November 1995 ließ nach einer ganzen Reihe von Deichbrüchen weiträumig überflutete Flächen zurück. An einer Kurve endet das Asphaltsträßchen, daneben steht ein hölzerner Aussichtturm. Zeit für eine Rast, denn der Blick von oben ist wirklich atemberaubend. Beim Turm geht es auf dem unbefestigten Weg geradeaus. Bald stoßen wir auf den Bahndamm der ehemaligen Bahnlinie von Ducherow nach Swinemünde. Am Rosenhäger Beck entlang schlängelt sich unser Weg zur Kreisstraße. Ihr folgen wir links und biegen am Ende der Straße rechts auf den unbefestigten Weg ein. Der führt uns in einem weiten Linksbogen, die Meeresbrise von vorn, Richtung Gnevezin.

Am Gehöft vor dem Dorf zweigt ein Betonplattenweg rechts ab. Der wird bald zu einem Asphaltsträßchen, das uns nach Anklam führt. Schanzenberg heißt das Sträßchen auf dem wir das Zuckerwerk zur Bluthsluster Straße passieren. Dort wenden wir uns nach rechts und radeln „durch" das Zuckerwerk und über den Bahnübergang zum Busbahnhof. Rechts liegt gleich der Bahnhof Anklam, von dem wir mit der Bahn über Pasewalk nach Ueckermünde zurückfahren können.

Die Pasewalker Straße führt uns nun in die Altstadt von Anklam. Wir kommen am 32 m hohen Steintor vorbei. Hier gibt's ein Museum zur Zeitgeschichte der Hansestadt. Wenige Pedalumdrehungen weiter halten wir am Marktplatz der Stadt am Peenestrom und entspannen bei einem leckeren Eis im Eiscafé Schürmann.

Autoren Tipp

Die gewagte Welt des Fliegens: Dem Anklamer Otto Lilienthal ist ein spannendes Museum gewidmet. Es zeigt seine zahlreichen an überdimensionale Fledermäuse erinnernden Flugapparate und beschreibt, wie aus dem alten Menschheitstraum vom Fliegen die licht- und schattenreiche Geschichte des Flugzeugs wurde. Seine Methode „vom Sprung zum Flug" wurde von Flugpionieren in aller Welt übernommen und markiert den Beginn des Zeitalters des Menschenflugs. www.lilienthal-museum.de

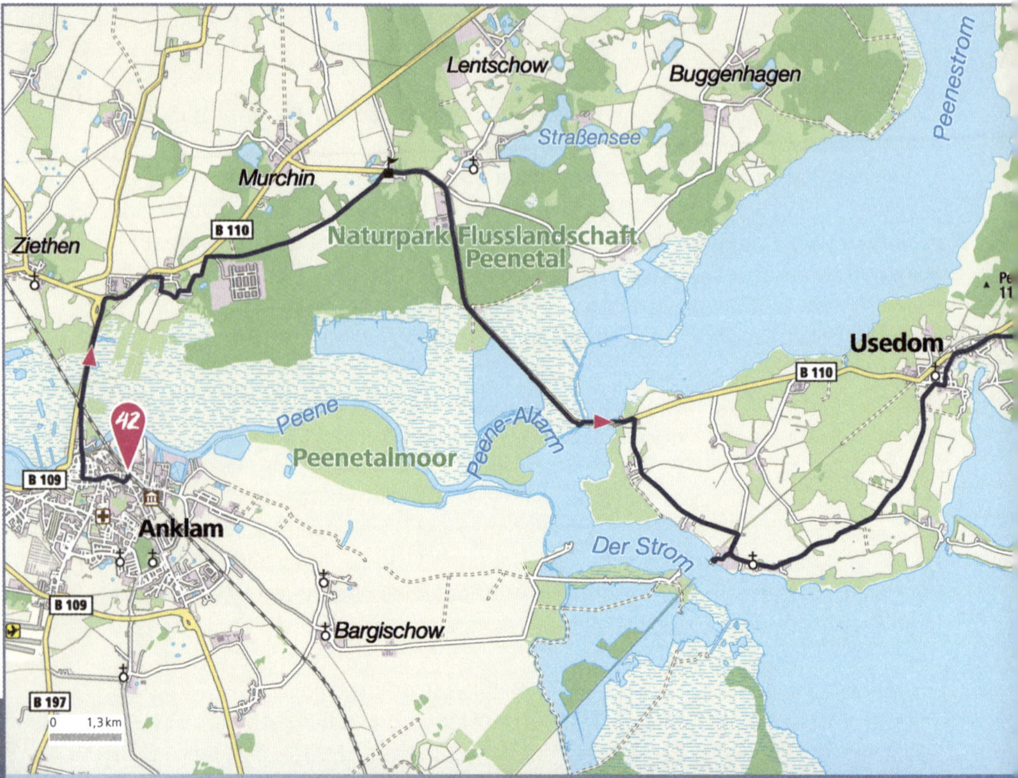
Lentschow
Buggenhagen
Peenestrom
Straßensee
Murchin
B 110
Naturpark Flusslandschaft
Peenetal
Ziethen
Usedom
B 110
42
Peene
Peene-Altarm
Peenetalmoor
B 109
Anklam
Der Strom
B 109
Bargischow
B 197
0 1,3 km

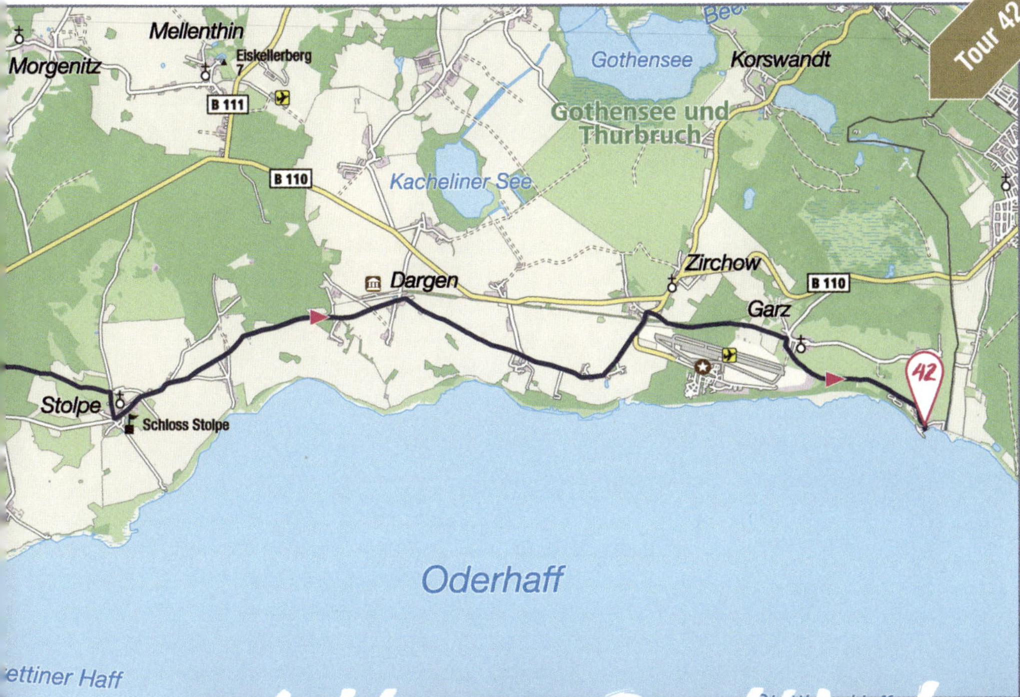

Anklam – Insel Usedom

Im Land der Grafen von Schwerin

DAUER	4h 15min
LÄNGE	49,9 km
HÖHENMETER	397 hm
SCHWIERIGKEIT	MITTEL
MIT ÖPNV ERREICHBAR	ja

Das erwartet dich ...

Wir genießen zunächst das Flair von Backsteingotik in der Hansestadt Anklam, in der Otto Lilienthal an seinen Flugapparaten tüftelte, zu sehen im Museum. Am landschaftlich reizvollen Peenetalmoor radeln wir über die Zecheriner Hubbrücke am Peenestrom auf die Sonneninsel Usedom. Nebenan in Karnin steht das stählerne Ungetüm einer alten Bahntrasse mitten im Strom. Durch das Anklamer Tor des niedlichen Städtchens Usedom führt unsere Tour zum Schloss Stolpe. Das sollte man unbedingt ansehen und in der Remise den Gaumen verwöhnen lassen.

Genusstour 42

Start & Ziel & Anreise

Start am Bahnhof Anklam. Parken beim Bahnhof.
Mit dem Auto von Berlin über den östlichen Autobahnring BAB A 10 auf die A 11 abbiegen und am Kreuz Uckermark auf die A20 bis Ausfahrt 32 Neubrandenburg-Ost. Auf die B 197 nach Anklam fahren und an der B 109 geradeaus Richtung Altstadt und rechts zum Bahnhof Anklam. Dort parken.
Mit der Bahn Linie RE3 von Berlin Hauptbahnhof über Pasewalk nach Anklam fahren, oder von Rostock Hauptbahnhof im IC über Stralsund nach Anklam.

Tourenbeschreibung

Am Bahnhof Anklam riechen wir bereits die Meeresluft. Ein Zeichen dafür, dass die See nicht weit ist. Zunächst statten wir der Altstadt einen Besuch ab. Auf der Pasewalker Straße geht's ins Zentrum. Bei den Wallanlagen erhebt sich das 32 m hohe Steintor mit einem Museum zur Geschichte und Geschichten der Hansestadt. In mitten der Altstadt kommen wir zum Markt, einem schönem quadratischen Platz, von dem uns rechts die Peenestraße zur Holzbrücke an der Peene führt. Gegenüber geht's geradeaus durch die Greifswalder Straße, wir unterfahren die Bahnlinie und radeln an der B 109 entlang zur Anschlussstelle mit der B 110. Von hier führt unser Weg nach Relzow hinein und zweigt an der Schutzhütte beim Spielplatz rechts ab. Hinterm Bach geht's links herum und an der Straßenverzweigung rechts am Waldsaum entlang zur B 110. Hier wenden wir uns nach rechts und folgen dem Asphaltsträßchen durch dichten Wald nach Libnow an der B 110. Gegenüber erblicken wir das imposante rote Herrenhaus Libnow des ehemaligen Rittergutes, es ist heute ein Hotel. Rechts rollen wir an der B 110 entlang über Pinnow durchs Niedermoor im Peenetal.

Die weite Landschaft ist einfach stimmungsvoll. Vor uns ebnet die Zecheriner Brücke unseren Weg auf die Sonneninsel Usedom. Fünfmal am Tag öffnet sich die Hubbrücke für etwa 15 Minuten für die Durchfahrt der Schiffe.

Gegenüber biegen wir an der Kreisstraße nach Zecherin ab und erreichen Karnin am Stettiner Haff. Alles wird hier vom stählernen Ungetüm der stillgelegten Eisenbahnhubbrücke mitten im Strom überragt. Über sie fuhren einst die Züge von Ducherow nach Swinemünde. Kurz zum Hafen und wir stehen unterhalb des Ungetüms. An der Kreisstraße steht dann der fast 70 Jahre alte Lotsenturm von Karnin, ein schönes Turmhotel. Von ihm dirigierten einst Lotsen die Boote, die das Haff Richtung Polen oder in die offene Ostsee durchfuhren. Entlang der Kreisstraße rollen wir nach Usedom. Am schönen Anklamer Tor aus rotem Backstein erreichen wir die Altstadt. Gleich dahinter erhebt sich St. Marien am Markt.

Auf der Swinemünder Straße verlassen wir die Altstadt und stoßen auf die B 110. Längs der Straße Richtung Swinemünde kommen wir zum Straßenabzweig nach Stolpe. Wir biegen ein und wenden uns dann nach links zum Weg in den Wald. Wir radeln nun auf einem schönen Waldweg Richtung Stolpe. Am Ortsrand biegen wir auf die Reihe zur Ortsmitte ab. Links steht das prächtige Schloss Stolpe. Wunderschön restauriert lohnt ein Blick in die Bibliothek, in den Salon und vom Schlossturm über Wald und Haff. In der Remise nebenan, hier standen die Pferde und Kutschen der Grafen von Schwerin, erwarten uns Gaumenfreuden im Restaurant Remise. In dem herrlichen Ambiente lassen wir uns verwöhnen.

Vom Dorfteich an der Kreisstraße radeln wir nun nach Dargen. Dort fahren wir geradeaus in die Schmiedestraße und biegen gleich rechts in den Bossiner Landweg ein. Das Asphaltsträßchen führt uns nach Bossin und von dort auf der Kreisstraße über Neverow nach Kutzow am Flughafen Heringsdorf. Auf der Kreisstraße erreichen wir Kutzow und biegen bei der Einmündung mit der Kutzower Straße rechts auf den von Bäumen gesäumten, gepflasterten Weg ein. Hinter der Unterführung der ehemaligen Bahn steigt die Strecke allmählich an, erklimmt eine Anhöhe und gelangt nach Garz. In der Ortsmitte zweigt rechts die Kleine Haffstraße ab, der wir dann folgen und Garz verlassen. Auf gepflastertem Weg geht's durch eine hügelige Landschaft nach Kamminke. Am Garzer Weg radeln wir in den Ort, am Campingplatz entlang und zur Bergstraße. Auf ihr geht's rechts zum Hafen am Stettiner Haff. In der Fischräucherei lassen wir uns schon mal ein Fischbrötchen schmecken und überbrücken so die Abfahrt der Fähre zurück nach Ueckermünde. Diese verkehrt nur dreimal täglich. (www.reederei-peters.de). Die Seefahrt übers Haff dauert etwa eine Stunde und zwanzig Minuten.

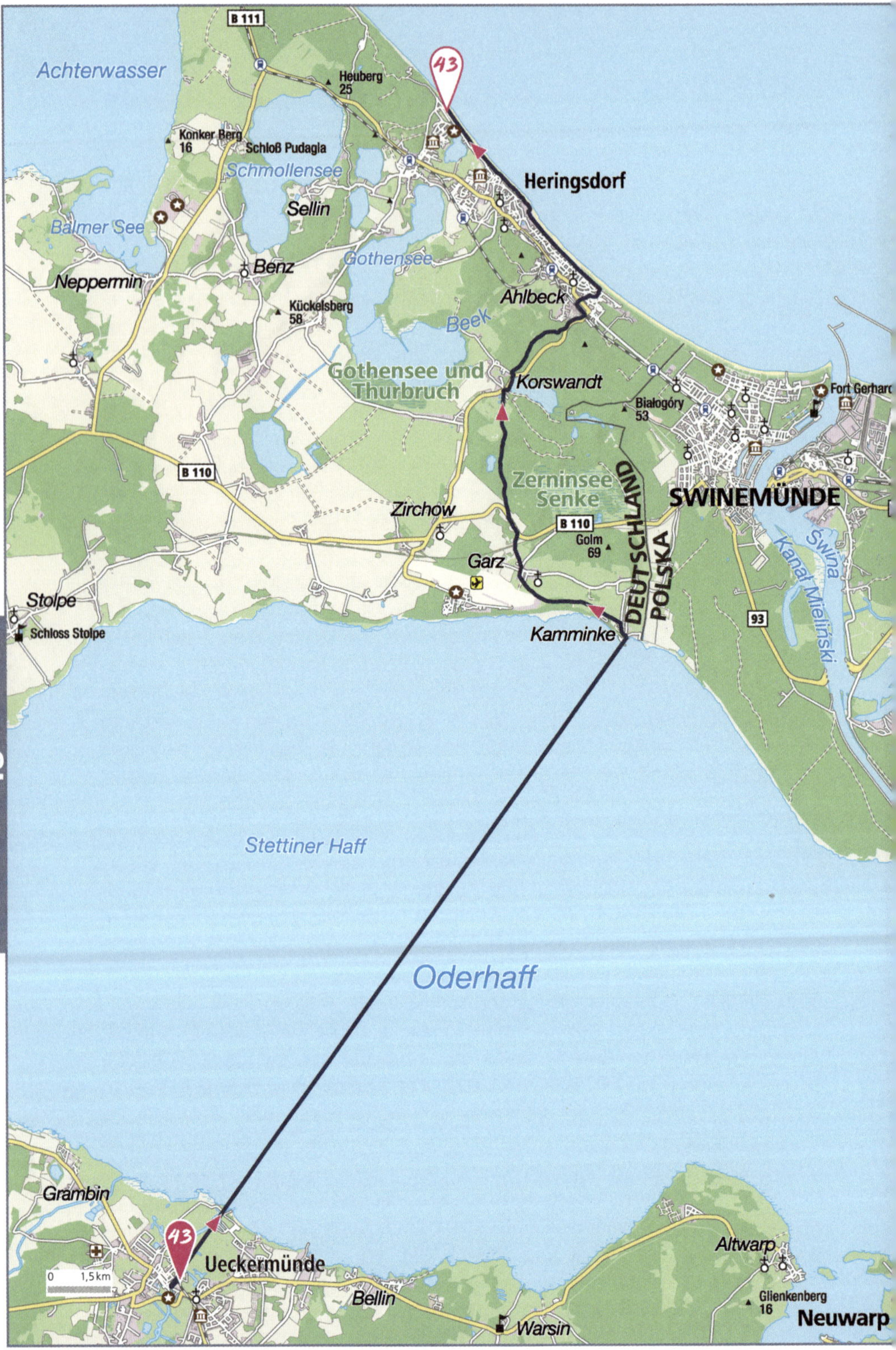
43
B 111
Achterwasser
Heuberg
25
Konker Berg
16
Schloß Pudagla
Schmollensee
Heringsdorf
Sellin
Balmer See
Benz
Gothensee
Neppermin
Ahlbeck
Kückelsberg
58
Beek
Gothensee und
Thurbruch
Korswandt
Białogóry
53
Fort Gerhard
B 110
Zerninsee
Senke
SWINEMÜNDE
DEUTSCHLAND
POLSKA
Zirchow
B 110
Golm
69
Garz
Świna
Kanał Mieliński
Stolpe
Schloss Stolpe
Kamminke
93
Stettiner Haff
Oderhaff
Grambin
43
Ueckermünde
Altwarp
0
1,5 km
Bellin
Glienkenberg
16
Neuwarp
Warsin

43 Seetour

Ueckermünde – Bansin

Wo Majestät zu Baden geruhte

DAUER	1h 30min, ohne Fährverbindung
LÄNGE	17,6 km, ohne Fährverbindung
HÖHENMETER	204 hm
SCHWIERIGKEIT	LEICHT
MIT ÖPNV ERREICHBAR	ja

Das erwartet dich ...

Schöner kann eine Anreise auf die Sonneninsel Usedom kaum sein: Im bildhübschen Ueckermünde borden wir die Fahrradfähre Priwall V und pflügen dann knapp eineinhalb Stunden die Wellen des Stettiner Haffs. In Kamminke gehen wir an Land und machen uns auf den Weg zu den berühmten Kaiserbädern Usedoms mit breiten Sandstränden und mondänen Villen entlang der kilometerlangen Strandpromenade von Ahlbeck über Heringsdorf und Bansin.

43 Seetour

Start & Ziel & Anreise

Start am Bahnhof Ueckermünde-Stadthafen. Parken auf dem Parkplatz beim Bahnhof. Mit dem Auto von Berlin über den östlichen Autobahnring BAB A 10 auf die A 11 abbiegen und am Kreuz Ückermark auf die A 20 bis Ausfahrt 36 Pasewalk-Süd. Auf der B 109 nach Pasewalk fahren, auf die B 104 abbiegen und links auf der L 321 über Torgelow nach Ueckermünde fahren. Links zum Stadthafen und dort parken. Mit der Bahn Linie RE 3 von Berlin Hauptbahnhof nach Pasewalk fahren. Dort umsteigen in den RE 4 nach Ueckermünde-Stadthafen.

Tourenbeschreibung

Malerisch an der Mündung der Uecker ins Stettiner Haff gelegen, empfängt uns das bildhübsche Ueckermünde. Vom Bahnhof radeln wir am Kai entlang zur Ueckerbrücke. Wir wechseln das Ufer zum Schloss Ueckermünde. In seinen Mauern veranschaulicht das Haff-Museum das Leben am Haff. Am Kai liegt die mittelalterliche Pommernkogge Ucra. Dahinter legt unsere Fähre nach Kamminke ab. Sie verkehrt dreimal täglich. Die Fährzeiten sollten wir vorab bei der Reederei Peters anfragen unter www.reederei-peters.de. Die Seefahrt dauert knapp eineinhalb Stunden.

Vom Hafen Kamminke radeln wir auf der Bergstraße bergan. Beim Haus Nr. 29 schwenken wir links nach Garz ein und radeln durch eine hügelige Landschaft an den Ortsrand zur Kleinen Haffstraße. Wir folgen ihr zur Einmündung der Ernst-Thälmann-Straße in die Kreisstraße. Die Ernst-Thälmann-Straße führt uns von Garz an die B 110. Links radeln wir an ihr entlang bis an den Überweg der B 110. Gegenüber geht's durch schönen Buchenwald, am Krebssee vorbei, über das Grün des Golfplatzes Baltic Hills in Korswandt. Das Clubhaus liegt am Weg zur Hauptstraße mit Café und Restaurant. An der Hauptstraße biegen wir rechts ein, gleich erneut rechts und erst am Ufer des Wolgastsees entlang, dann über die Hauptstraße zum Gothenweg. Nach wenigen Radumdrehungen zweigt unser Weg rechts ab und führt unter den Baumwipfeln von Buchen an den Bahnübergang der Usedomer Bäderbahn in Ahlbeck. Links radeln wir zum Bahnhof. Dort öffnet täglich die Kunsthalle und zeigt künstlerische Grafiken bedeutender Künstler. Wir folgen der Bahnhofstraße über die Swinemünder Chaussee zur Schulzenstraße. Kurz links und sofort geht's rechts durch die Bergstraße zur Strandpromenade. Nur wenige Schritte weiter rauscht verlockend das Meer.

Wir radeln links, bewundern unterwegs die üppige klassizistische Bäderarchitektur und erreichen die Ahlbecker Seebrücke. Die Strandpromenade führt schnurgerade in die ineinander übergehenden Kaiserbäder Heringsdorf und Bansin, begleitet vom traumhaften feinen Sandstrand. In Heringsdorf flanieren wir über die Seebrücke bevor wir nach Bansin radeln. Auf der Strandpromenade erreichen wir die Seebrücke in Bansin und genießen von der Spitze den Blick zu den mondänen Villen. Spiegeln sie doch heute noch mit verspielter Schönheit den Charme der Jahrhundertwende 19./20. Jh. wider. Gönnen wir uns am Ziel den Sprung ins Ostseewasser.

Ahlbecker Seebrücke

Oderhaff
Zalew Szczeciński
Altwarp
Haff-Stübchen
Glienkenberg 16
Warsin
Naturpark am Stettiner Haff
Vogelsang
44
Zatoka Nowowarpieńska
Neuwarp
Jezioro Nowowarpieńskie
Altwarper Binnendünen, Neuwarper See und Riether Werder
Luckow
Pałac w Karsznie
Rieth
Café de Klönstuw
DEUTSCHLAND
POLSKA
Teufelsgraben
Ahlbeck
Ludwigshofer See
Ahlbecker Seegrund
Myślibórz Mały
Jezioro Myśliborskie Wielkie / Großer Mützelburger See
Myślibórz Wielki
Gegensee
Hintersee
0 1,0km

44

44

Rundtour

Rund um den Neuwarper See

Auf einem Krabbenkutter zu den polnischen Nachbarn

DAUER	2h 15min, ohne Fährverbindung
LÄNGE	28,1 km, ohne Fährverbindung
HÖHENMETER	256 hm
SCHWIERIGKEIT	LEICHT
MIT ÖPNV ERREICHBAR	nein

Das erwartet dich ...

In Vogelsang-Warsin sind lediglich 380 Einwohner zu Hause, genug Platz also für die faszinierende Natur des Naturparks Am Stettiner Haff. Die Wälder der Ueckermünder Heide begleiten uns bis zum Altwarper Hafen, von dem aus wir auf einem Fischkutter quer über den Neuwarper See zu den polnischen Nachbarn schippern. Die wilde Schönheit der Heide genießen wir auf der ehemaligen Bahntrasse der Randower Kleinbahn, die uns nach Rieth am Neuwarper See führt. Dort sitzen Kormorane auf Pfählen mit weit gespreizten Flügeln und trocknen ihr schwarzes Gefieder.

44 Rundtour

Start & Ziel & Anreise

Start in Vogelsang-Warsin beim Straßendreieck Luckower Straße/Dorfstraße. Mit dem Auto von Berlin über den östlichen Autobahnring BAB A 10 auf die A 11 abbiegen und am Kreuz Ückermark auf die A20 bis Ausfahrt 36 Pasewalk-Süd. Auf der B 109 nach Pasewalk fahren, auf die B 104 abbiegen und links auf der L321 über Torgelow nach Ueckermünde fahren. Dort rechts nach Vogelsang abbiegen. Parken am Straßendreieck Luckower Straße/Dorfstraße.

Tourenbeschreibung

In Vogelsang, dem westlichen Part des Doppelortes Vogelsang-Warsin, schwingen wir uns an der Einmündung der Luckower Straße in die Dorfstraße aufs Rad. Später werden wir die Tour hier auch beenden.

Zwei wichtige Dinge sollten wir zu Beginn der Tour beachten: Personalausweis nicht vergessen und unbedingt die Fährzeiten der Fähre von Altwarp nach Neuwarp auf polnischer Seite beachten: www.luett-matten-altwarp.de. Soviel sei schon gesagt: Montags fährt die Fähre nicht!

Unsere Route folgt der Dorfstraße ins benachbarte Warsin. Am Dorfende radeln wir auf einem separaten Radweg rechts entlang der Landesstraße durch den lichten Kiefernforst der Ueckermünder Heide. Hin und wieder lässt sich ein Blick auf das Stettiner Haff erhaschen. Wir passieren Altwarp-Siedlung und erreichen Altwarp.

Ein kleines, altes, idyllisch gelegenes Fischerdorf an der Einfahrt zum Neuwarper See. An der Kreuzung kurz hinterm Ortsanfang biegen wir links in die Seestraße ein. Rechts steigt uns der Duft von frisch zubereitetem Fisch in die Nase er kommt aus dem Haff-Stübchen. Hier landen Zander, Barsch, Scholle oder Hering in der Pfanne. Wem nach Süßem ist, geht gegenüber ins Strandcafé am Haffufer. Auf zum Hafen, wo bereits die Fähre nach Neuwarp wartet. Mit dem ehemaligen Krabbenkutter Lütt Matten fahren wir auf die polnische Seite des Neuwarper Sees. Von April bis Oktober tuckert er sechs Mal täglich übern See. Der Kutter kann auch segeln. An den beiden Masten blähen sich dann 85 m² Segeltuch. Wir müssen jedoch nicht auf günstigen Wind warten. Er fährt auch mit Motorkraft. Die Lütt Matten würde mit uns auch eine Stunde rund ums Stettiner Haff schippern. Zum Abschluss der Rundfahrt gibt's es bei der Fischereigenossenschaft leckere Fischbrötchen.

Nowe Warpno heißt uns willkommen. Wir radeln hoch zum Gemeindeamt am kleinen Markt und schauen der Bronzeskulptur des Künstlers Hans Hartig über die Schulter. Auf der großen Straße Kościuszki geht's durch den Ort. Erst am Ortsende wechseln wir auf Radweg links der Straße. Bei der Straßenverzweigung wenden wir uns nach rechts, geradeaus geht's zum Friedhof und radeln noch ein Stück der Straße entlang zur Hofzufahrt. Wir radeln geradeaus auf dem Bahndamm der ehemaligen Randower Kleinbahn durch die Waldschneise schnurgerade zur Straße am Albrechtshof/Karszno. Wir biegen nach rechts ein und erreichen eine Straßeneinmündung. Hier geht's links auf der schmalen Straße weiter, bis uns das grüne Schild nach Rieth den Weg rechts in den Wald zeigt. In der schattigen Stille summen nur die Räder über den Asphalt. Eine Ziegelbrücke, über die einst die Lokomotiven der Randower Kleinbahn schnauften, markiert die polnischdeutsche Grenze.

Sofort hinter der Brücke biegen wir rechts auf einen Waldweg Richtung Rieth ein. Der Weg hier im Niemandsland dicht an der Grenze ist sandig, aber schon nach 250 m haben wir wieder festen Grund unter den Reifen und radeln nach Rieth. An der Dorfstraße wenden wir uns nach links und sehen bald den Hinweis zum Cafe de Klönstuw. Zwischen Kunst und Kunsthandwerk genießen wir Kuchen und Kaffee im Garten.

An der Verzweigung der Dorfstraße halten wir uns rechts und biegen in den Stieger Weg ein. Der führt uns übers Moor nach Riether Stiege und zum Ufer des Neuwarper See. Nach den Häusern verlassen wir das Sträßchen nach rechts zum schönsten Rastplatz der Tour. Weit schweift der Blick vom Beobachtungsturm über den Neuwarper See. Sitzen, träumen, Wind und Vögeln lauschen, was braucht es mehr! Beim Hedwigshof verlassen wir das Ufer und tauchen in den Wald ein. Gleich führt der Weg nach rechts durch die Ueckermünder Heide unter Kiefern zu einer Schutzhütte am Abzweig nach Rehhagen. Wir radeln hier geradeaus direkt nach Warsin und an der Dorfstraße links zum Ausgangspunkt unserer Tour nach Vogelsang.

SEEBRÜCKE
HEUTE SCHON
ABGETAUCHT?

GUT ZU WISSEN

Unsere Fahrrad-Hacks

Es geht auch einfacher

HACKS

LENKER- UND GEPÄCKTRÄGERTASCHEN
Auch wenn es beim Wandern üblich ist, einen Rucksack dabeizuhaben, nutze ihn bei Fahrradtouren nicht, sondern befestige dir Lenker- oder Gepäckträgertaschen am Fahrrad. So entlastest du deinen Rücken und kannst unnötigen Schmerzen vorbeugen. Fahrradtaschen gibt es inzwischen in allen Formen und Größen. Von der kleinen Lenkertasche für die nötigsten Utensilien bis zu großen Satteltaschen für das Bikepackingabenteuer.

KABELBINDER UND TAPE
Dir reißt eine Schaltzughalterung oder deine Satteltasche ist locker? Kein Problem, wenn du Kabelbinder und Tape dabei hast. Am Fahrrad kann sich immer mal wieder etwas lockern oder abfallen. Für diesen Fall kannst du dir mit diesen beiden Utensilien ganz einfach selber helfen, auch wenn mal kein Fahrradladen in der Nähe ist.

BETT+BIKE
Planst du mehrere Tage mit deinem Fahrrad unterwegs zu sein, dann achte auf Unterkünfte mit „Bett+Bike"-Zertifikat. Die Auszeichnung des ADFC „Bett+Bike" klassifiziert besonders fahrradfreundliche Unterkünfte. Hier kannst du dein Fahrrad sicher abstellen, es gibt einen Raum zum Trocknen deiner Kleidung und du erhältst ein vollwertiges Frühstück.

Endlich was Neues ausprobieren

Lust was Neues auszuprobieren?

WENN JA, HABEN WIR EIN PAAR VORSCHLÄGE FÜR DICH.

- **WINGFOILING:** Die größte Erfindung seit dem Kitesurfen hat ihren Hotspot an der Ostseeküste und kann an mehreren Orten ausprobiert werden.
- **KIELER SPROTTEN:** Eine Verwandte des Herings, wird geräuchert und dann im Ganzen verzehrt – also mit „Kopp und Steert".
- **SILO CLIMBING:** Beweise dich beim Klettern an Europas höchster Toprope gesicherten Kletteranlage in Burgstaaken auf Fehmarn.
- **DISCGOLF:** Mit Strandkulisse und 22 Körben bietet Kellenhusen die größte zusammenhängende Discgolf-Anlage Deutschlands.
- **FREIFALL RETTUNGSBOOT:** Für den Einsatz auf seegehenden Schiffen und Bohrinseln zugelassen, kann auf Rügen der Flug aus neun Metern Höhe erprobt werden.

Von Vorteil
FÜR MENSCH & NATUR

Nachhaltigkeit

AUF DEM FAHRRAD

Radfahren gilt gemeinhin als umweltfreundliche Alternative zum Auto – egal ob für alltägliche Wege, etwa ins Büro oder um den Einkauf zu erledigen, oder für Freizeitfahrten. Zwar ist in puncto Produktionskreislauf noch Luft nach oben, doch die positiven Aspekte des Radfahrens für die Umwelt überwiegen in Summe die negativen. Zumal es mittlerweile Hersteller gibt, die die Produktion von Rädern aus nachhaltigen Rohstoffen massiv forcieren. Auch E-Bikes sollen an dieser Stelle nicht außer Acht gelassen werden. Auch wenn sie aufgrund der Herstellung und Entsorgung der Akkus durchaus kontrovers zu diskutieren sind, ist der Schaden für die Umwelt dennoch wesentlich geringer – erst recht wenn dabei ein Auto ersetzt wird. Was du außerdem noch tun kannst, um deine Reise möglichst nachhaltig zu gestalten, verraten wir dir hier.

Und das kannst du machen …

Green-Guide

01 Nachhaltig reisen: Nachhaltiger als mit dem Fahrrad kann man kaum reisen. Greife auch für die Hin- und Rückreise auf nachhaltige Transportmittel zurück.

02 Keine Einwegflaschen: Gerade das Trinken unterwegs ist wichtig. Doch sollte man aus Rücksicht zur Natur und sich selbst zuliebe auf Einwegflaschen verzichten und auf wiederbefüllbare Sportflaschen und Wasserblasen zurückgreifen.

03 Kein Verpackungsmüll: Die Verpflegung für den Hunger zwischendurch ist mindestens genauso wichtig wie das Trinken. Brotdosen bieten sich zum Transport von Proviant an. Oder einfach alles in ein Bienenwachstuch einwickeln.

04 Weniger ist mehr: An der Ostseeküste gibt es bestimmte Orte, die aufgrund ihrer Bekanntheit total überlaufen sind. Weniger bekannte Ziele haben auch ihren Reiz und warten nur darauf, entdeckt zu werden. Und wenn ihr die Hauptattraktionen doch besichtigen wollt, dann achtet darauf, an weniger frequentierten Tagen diese Orte zu besuchen.

05 Ausrüstung leihen oder gebraucht kaufen: Natürlich mag man sich gewisse Kleidung oder Ausrüstungsgegenstände, wie vielleicht einen Helm, ungern leihen oder secondhand kaufen. Andere Ausrüstungsgegenstände, bis hin zum Fahrrad hingegen, kann man gebraucht nicht nur günstiger, sondern auch nachhaltiger erwerben. Und anstatt sich direkt eine neue GoPro oder einen Fahrradcomputer zuzulegen, leih dir diese Gegenstände doch im Freundeskreis aus.

Karl-Kapferer-Straße 5, A-6020 Innsbruck

1. Auflage 2023 (23.01)
Verlagsnummer 3532
ISBN 978-3-99121-798-5

Konzept und Bildnachweis

Konzept & Gestaltung: © KOMPASS-Karten GmbH

Projektleitung: Jeff Reding & Hannah Geuder

Text: KOMPASS-Karten AutorInnen (s. Klappe)

Grafische & Kartografische Herstellung:
© KOMPASS-Karten GmbH

Kartengrundlage: © KOMPASS-Karten GmbH unter Verwendung von OpenStreetMap Contributers (www.openstreetmap.org)

Titelbild: Fahrradweg zum Strand an der Nordsee;
© Animaflora PicsStock - stock.adobe.com

Cover Rückseite: Mountainbike im Sonnenuntergang;
© pershing - stock-adobe.com

Weiterer Bildnachweis:
S.2/3: © GregMontani – pixabay
S.4/5: © Igor – stock.adobe.com
S.8/9; S.10/11:© WaldNob–pixabay
S.15: © Till Junker – stock.adobe.com
S.16: © SkyLine – stock.adobe.com
S.18; S.22; S.61; S.63; S.82; S.107; S.137; S.187; S.190; S.201; S.203; S.214/215: Kay Tschersich
S.21: © Shambhala – stock.adobe.com
S.24/25: © KRiemer – pixabay
S.27; S.50: © Tassilo Wengel
S.30: © Ostseebad Boltenhagen
S.33: © spuno – stock.adobe.com
S.35: © Carsten Kraft – stock.adobe.com
S.39: © TZW_Hansestadt Wismar_Altstadt von Wismar
S.43: © Ina Meer Sommer – stock.adobe.com
S.45: © LianeM
S.47: © TSK GmbH_Kühlungsborn
S.55: © pixelbox15 UG – stock.adobe.com
S.59: © DR pics – stock.adobe.com
S.67: © Peggychoucair – Pixabay
S.71: © ryszard filipowicz – stock.adobe.com
S.75: © fotowunsch – stock.adobe.com
S.79: © Hohmuth
S.86; S.91; S.93: © dina – stock.adobe.com
S.89: © holger.l.berlin – stock.adobe.com
S.95: © FelixMittermeier – pixabay
S.97: © ericsan – stock.adobe.com
S.99: © Zotx – pixabay
S.101: © mneumann_100 – stock.adobe.com
S.103: © Wolfgang Hauke – stock.adobe.com
S.111: © FGWDesign – stock.adobe.com
S.115: © honorick – stock.adobe.com

Alle Angaben und Routenbeschreibungen wurden nach bestem Wissen gemäß unserer derzeitigen Informationslage gemacht. Die Radtouren wurden sehr sorgfältig ausgewählt und beschrieben, Schwierigkeiten werden im Text kurz angegeben. Es können jedoch Änderungen an Wegen und im aktuellen Naturzustand eintreten. Radfahrende und alle Kartenbenützer müssen darauf achten, dass aufgrund ständiger Veränderungen die Wegzustände bezüglich Fahrbarkeit sich nicht mit den Angaben in der Karte decken müssen. Bei der großen Fülle des bearbeiteten Materials sind daher vereinzelte Fehler und Unstimmigkeiten nicht vermeidbar. Die Verwendung dieses Führers erfolgt ausschließlich auf eigenes Risiko und auf eigene Gefahr, somit eigenverantwortlich. Eine Haftung für etwaige Unfälle oder Schäden jeder Art wird daher nicht übernommen. Für Berichtigungen und Verbesserungsvorschläge ist die Redaktion stets dankbar. Korrekturhinweise bitte an folgende Anschrift:

KOMPASS KARTEN GMBH
Karl-Kapferer-Straße 5, A-6020 Innsbruck
www.kompass.de/service/kontakt

FSC www.fsc.org
MIX
Papier | Fördert gute Waldnutzung
FSC® C018236

Deine Orientierung

Hallo!
Ich bin deine Anleitung, wie du zu den GPX-Tracks aus deinem neuen Buch kommst. Damit kannst du dir die Route in Outdoor-Apps und Navigationsgeräte laden. Scann den QR-Code oder gehe auf folgende Webseite:

www.kompass.de/gpx

Für Navigationsgeräte und Apps haben wir auf unserer Webseite alle Touren im GPX-Format zum Download bereitgestellt:
Hier findet man alle weiteren Informationen. Einfach das richtige Produkt auf der Seite auswählen, die Daten herunterladen und auf das Zielgerät oder in die gewünschte App importieren.

Was ist ein GPX-Track? GPX ist ein Datenformat für Geodaten. Das Wort GPS steht für Global Positioning System (Globales Positionsbestimmungssystem). Mit einem GPX-Track bekommt man die rote Linie, also den Wegverlauf, als geografische Koordinaten.

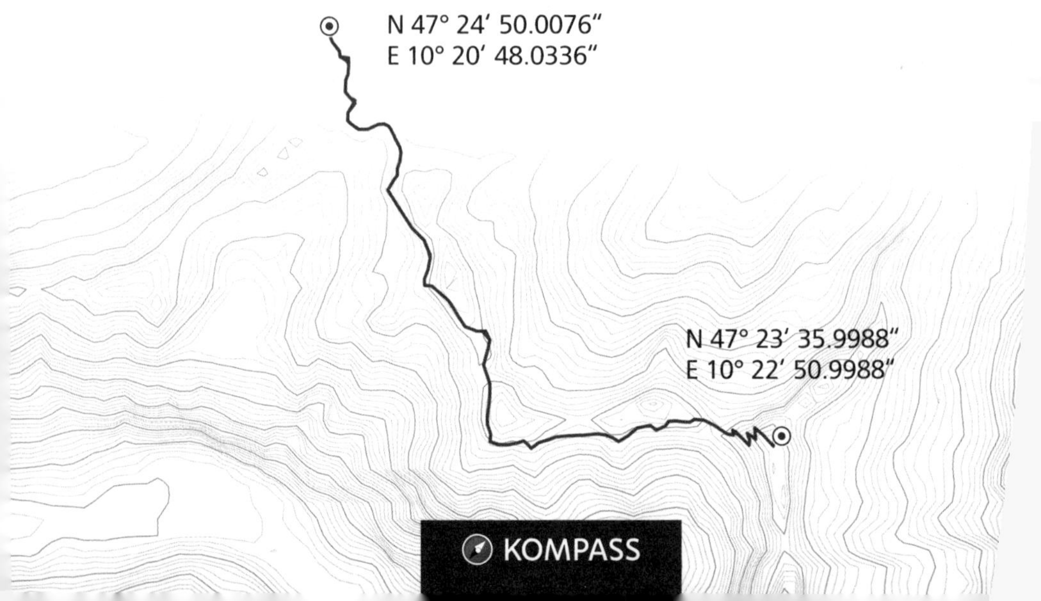